Dear Michael,

On the Ocassio

ברית מילה. A BIG HEARTFELT

מזל טוב

Shimon Arie and familly

למדני חקיך

למדני חקיך

CLARIFYING FUNDAMENTAL TOPICS IN SHAS

VOLUME ONE

RABBI AVIGDOR FRANKENHUIS

TARGUM PRESS

ISBN 978-0-9573813-0-8

Copyright © 2013 by
Rabbi Avigdor Frankenhuis

All rights reserved.

No part of this publication may be translated, reproduced, stored in a retrieval system or transmitted, in any form or by any means, electronic or otherwise, even for personal use, without written permission from the author.

PUBLISHED BY:

TP TARGUM PRESS

DISTRIBUTED BY:
A. Frankenhuis
1 Cubley Road
Manchester M7 4GN
England
Tel: 44-161-721-4700

ALSO AVAILABLE FROM:
Torah Umesorah Publications
1090 Coney Island Avenue
Brooklyn, NY 11230
Tel: 718-259-1223

Printed in Eretz Yisrael

בס"ד

לעילוי נשמות

אבי מורי
ר' קלונימוס ב"ר **שלמה** ז"ל
נלב"ע ג' אלול תשנ"ג

אמי מורתי
מרת **רפאלה אלן** ב"ר לוי ע"ה
נלב"ע כ"ד מנחם אב תשמ"ז

מורי וחמי
ר' חיים נתן בהר"ר **שלמה** ז"ל
נלב"ע כ' טבת תשס"ה

ת.נ.צ.ב.ה.

Rabbi CHAIM P. SCHEINBERG
Rosh Hayeshiva "TORAH ORE"
and Morah Hora'ah of Kiryat Mattersdorf

הרב חיים פינחס שיינברג
ראש ישיבת "תורה אור"
ומורה הוראה דקרית מטרסדורף

בס"ד

י"ב טבת ה' תש"ע

<u>**מכתב ברכה**</u>

הובא לפני הספר החשוב 'למדני חוקיך' שחיברו הרה"ג ר' אביגדור פרנקנהויז שליט"א, אשר ידיו רב לו בשדה החינוך בעיר מנשסתר יצ"ו, ותוכנו כללי הש"ס בעניני נשים נזיקין בלשון צחה וברורה, והוא תועלת גדולה להתלמידים להחדיר בהם מושגי יסוד באופן השוה לכל נפש, ועל ידי כך תהיה קלה עליהם משנתם בלימוד סוגית הגמ'. ניכר בו בספר נסיונו הרב של המחבר בדרכי החינוך ובהעמדת תלמידים בתורתינו הקדושה.

ואף כי אין דרכי לבא בהסכמות, הנני לברכו לחזקו ולאמצו בעבודת הקודש, ויזכה לראות בהצלחת חיבורו וימשיך לזכות את הרבים בחיבוריו הנעימים, ולהרבות גבולו בתלמידים מתוך מנוחת הנפש והרחבת הדעת.

חיים פינחס שיינברג

הכותב וחותם לכבוד התורה ולומדיה

רחוב פנים מאירות 2, ירושלים, ת.ד. 6979, טל. 537-1513 (02), ישראל
2 Panim Meirot St., Jerusalem, P.O.B. 6979, Tel. (02) 537-1513, Israel

ישיבת מיר ירושלים
MIRRER YESHIVAH JERUSALEM
Founded in Mir 1817. In Jerusalem 1944
RABBI N.Z. FINKEL
DEAN
בס״ד נוסדה במיר בשנת תקע״ז. בירושלים בשנת תש״ד
הרב נ.צ. פינקל
ראש הישיבה

כ״ט סיון תשס״ח

הנה על הכתוב בדניאל י״ב ומצדיקי הרבים ככוכבים לעולם ועד אמרו חז״ל בבבא בתרא ח: אלו מלמדי תינוקות ור״ל שאורם יאיר לעולם ועד ע״י התורה שלימדו. ונראה שככל שטרח המלמד יותר להאיר פנים ולהכניס דברי תורה ללב תלמידו, הרי אורו יותר גדול וחזק. על כן בואו ונחזיק ידיו המיומנות של המחנך הנודע לתהילה בעיר מנשסתר יצ״ו הרב המצוין ר׳ אביגדור פרנקנהויז שליט״א אשר למד בצעירותו בישיבתנו הק׳ ועלה במעלות התורה והיראה בין כתלי׳ על אשר הגדיל לעשות והשכיל לשום בפני התלמידים הלכות ברורות כשולחן ערוך המוכן לאכל לפני האדם כי בזכותו ומכחו ניתן מעתה להבין הרבה מושגי יסוד בתורתנו הקדושה. לתלמידים אשר משנתם קשה עליהם כברזל חסר מתיקות ושמחת התורה, והמחנך המצליח להבהיר וללבן להם את ספיקותיהם מנחילם חיי נצח ואושר. ברכתי שחפץ ה׳ יצליח ביד המחבר שליט״א הספר הנוכחי אשר נקב בשם למדני חוקיך יתקבל ברצון להביא ברכה לבית המדרש ויצליחו תלמידיו לגדול בתורה ויר״ש להאיר עיני ישראל בתורה עדי עד.

המברך בכבוד ויקר

נתן צבי פינקל

הרב נתן צבי פינקל
ראש הישיבה

3 Beth Israel St. P.O.B. 5022 Jerusalem 91050 Tel. 02-5410999 Fax. 02-5323446 ● 580037638 ע״ר 02-5323446 פקס. 02-5410999 רח. בית ישראל 3 ת.ד. 5022 ירושלים 91050 טל.

TALMUDICAL YESHIVA OF PHILADELPHIA

6063 Drexel Road
Philadelphia, Pennsylvania 19131
215 - 477 - 1000

Rabbi Elya Svei
Rabbi Shmuel Kamenetsky
Roshei Yeshiva

בס"ד

בס"ד

י' ניסן תשע"ב

למע"כ הרה"ג מחנך בחסד עליון שדולה ומשקה צאן קדשים
מוהר"א פרנקנהויז שליט"א

שמחתי לראות ספרו למדני חוקיך לקרב אל השכל ענינים מים
התלמוד יסודות נאמנים וברור שיהי' לתועלת גדולה שיהי' עזר
לתלמידים המבקשים להבין דברי חכמינו ז"ל ולקרבם אל השכל.

כבר העידו גדולי עולם שכבודו השקיע הרבה כוחות בעד התלמידים
והאיר עיני התלמידים שיבינו עומק כונת חז"ל.

תפלתי שיצאו לאור דבריו הנפלאים ויזכה כבודו להמנות ממזכי את
הרבים שצדקתם עומדת לעד.

בברכה מרובה

בס"ד

כולל הרבנים מנשסתר

ACADEMY FOR RABBINICAL RESEARCH

(MANCHESTER KOLEL)

Principal:
Rabbi W. Kaufman

134 LEICESTER ROAD
SALFORD, MANCHESTER M7 4GB
Tel & Fax: 0161-740 1960

יום א' ח' אלול תשס"ח

הרב אגידדור פרנקנהויז שיחי' בא לפני וקונטרוס של "למדני חוקיך" בידו. בו מביא הרבה דברים בכלליות ובפרטיות בענינים וידיעות של דיני ממונות הנמצאים בש"ס.

השקיע הרבה עמל ויגיעה בעבודה זו ויש לקוות שמורים ומחנכים העו־סקים להחדיר בדור הצעיר אהבת תורה ויראת שמים יקבלו עזר ותועלת מספר זה.

נוצר תאנה יאכל פריו ברכתי שיזכה להצלחה מפרי עמלו וסייעתא דשמיא בחינוך בניו וכל משפחתו שיחיו שימשיכו בדרך שנתחנכו בו ויתעלו מעלה מעלה בתורה ויראת שמים.

כעתירת מוקירו ומכבדו

בנימין זאב קויפמאן

DAYAN GAVRIEL KRAUSZ
Rosh Beth Din, Manchester

118 Leicester Road
Manchester M7 4GF
Tel: 0161 740 4548 Fax: 0161 740 9300

גבריאל קרויס

ראב"ד דק"ק מנשסתר והגליל יצ"ו

מח"ם מקור הברכה

בס"ד

Rabbi Avigdor Frankenhuis שליט"א, who is a distinguished מרביץ תורה here in Manchester, showed me a Preview Edition of his wonderful ספר entitled "למדיני חוקך". We live in a generation, in which ב"ה numerous new ספרים are constantly published. It is thus very difficult to compile a ספר on subjects which have not yet been dealt with by other ספרים. As far as I am aware, this ספר has the rare distinction of being "a first." This type ספר has long been overdue. Whether a בחור or a בעל הבית, one often learns a גמרא, yet remains unclear concerning a number of the concepts mentioned in the סוגיא. The גמרא and the מפרשים often take it for granted that one is already familiar with the מושגים. This ספר clearly and beautifully, in simple language, explains all these מושגים. It is also of tremendous help to מגידי שיעורים, teachers and fathers, to help them explain to the children what is being discussed.

The present volume is only the first of a number of ספרים on many more ענינים which the author plans בע"ה to compile.

I would like to convey to Rabbi Frankenhuis שליט"א my most hart-felt ברכות that he should be מצליח in his עבודת הקודש, may he be זוכה to publish this ספר as well as all the future ספרים as soon as possible, so that the עולם התורה will be able to derive the maximum benefits from this magnificent work.

הכו"ח לכבוד התורה ולומדיה בכלל ולכבוד המחבר בפרט בין המצרים יזרח אור לישרים יום שנכפל בו כי טוב לסדר "באר את התורה הזאת" שנת תשס"ז לפ"ק פה מנשסתר יצ"ו.

גבריאל קרויס

גבריאל קרויס

Rabbi E. Falk
146, Whitehall Road
Gateshead NE8 1TP
England.
TEL: 0044-191-4782342

פסח אליהו פאלק
מח"ס שו"ת מחזה אליהו
'זכור ושמור' על הלכות שבת
'עוז והדר לבושה' על צניעות דלבוש
מו"ץ בק"ק גייטסהעד יצ"ו

יום ב׳ לפרשת בלק שנת תשס״ז לפ״ק.

באתי בשורות אלו להביע התפעלותי מספר השימושי והנחוץ לרבים ה״ה הספר ״למדני חוקיך״ שחיברו אומן מופלא וירא אלוקים מרבים הרב ר׳ אביגדור פרנקענהויז שליט״א מחנך דגול במנשסתר יצ״ו. והנה הספר הוא על כללי הש״ס בהרבה עניני נשים ונזיקין ומסודר באופן מצויין להיות לעזר גדול לבחורים צעירים להבינם עיקרי כללי הענינים. והספר נכתב בלשון צח וקל באופן שירוץ הקורא בו. ולדעתי העניה נראה שהוצאת ספר תורה זה לאור עולם בכלל זיכוי הרבים הוא מהשורה העליונה ממש. וניכר בהספר שהמחבר החשוב כתבו מתוך נסיון של הרבה שנים בשטח החינוך, ובא לידי הכרה שרק ע״י שעיקר כללי וצורתא דשמעתתא נהירין להלומד יוכל הוא להבין הסוגיא לאשרו. ואקוה שהציבור יבינו להכיר גודל ערך הספר ושראוי מאוד להביא ברכה כזו לתוך ביתם. ובכן אברכהו שחפץ ה׳ בידו יצליח, ויראה רוב ברכה והצלחה בחיבור זה ובשאר חיבורים שיזכהו הבורא בהם.

הכותב וחותם לכבוד המחבר החשוב ולכבוד הספר שעומד להוציא מתחת ידו.

פסח אליהו פאלק

פסח אליהו פאלק

Contents

Preface .... *xix*

SECTION ONE
The מִצְוֹת and Their Application

1.1 Introduction to the מִצְוֹת, *3*

1.2 To Whom the מִצְוֹת Apply, *6*

1.3 Circumstances in Which a Person Is Exempt from a מִצְוָה, *8*

1.4 Transgression of מִצְוֹת under the Threat of Death, *11*

SECTION TWO
Consequences of Transgressing the מִצְוֹת

2.1 Overview of the Punishments Given for Transgressing מִצְוֹת, *15*

2.2 Situations in Which a Transgressor Is Not Punished, *17*

2.3 מִיתוֹת בֵּית דִּין – Death Sentences Imposed by a Jewish Court, *20*

2.4 מַלְקוּת – Lashes, *24*

2.5 לַאוִין שֶׁאֵין בָּהֶם מַלְקוּת – Prohibitions Which Are Not Punishable by Lashes, *26*

2.6 כָּרֵת וּמִיתָה בִּידֵי שָׁמַיִם – Divine Punishments, *29*

2.7 מַכְנִיסִין אוֹתוֹ לַכִּיפָּה – Indirectly Putting to Death, *31*

2.8 מַכַּת מַרְדּוּת – Lashes Stipulated by the Sages, *33*

2.9 Punishment for Two Transgressions Committed Simultaneously, *36*

2.10 קָרְבָּנוֹת – Offerings Brought for Transgressing מִצְוֹת, *41*

2.11 תְּשׁוּבָה – Repentance for Transgressing מִצְוֹת, *44*

SECTION THREE

Laws of בָּתֵּי דִינִין and עֵדוּת

3.1 בָּתֵּי דִינִין – The Different Types of Jewish Courts and Their Functions, *49*

3.2 דַיָּינִים – The Qualifications Required of a Judge, *52*

3.3 עֵדוּת – Testimony, *54*

3.4 The Number of Witnesses Required for Testimony, *56*

3.5 A Witness's Obligation to Testify, *59*

3.6 דְּרִישַׁת וַחֲקִירַת הָעֵדִים – Examination of the Witnesses, *62*

3.7 The Procedure of Accepting Testimony, *65*

3.8 עֵדוּת מוּכְחֶשֶׁת – Contradictory Testimony, *69*

3.9 עֵדִים זוֹמְמִין – Witnesses Who Are Proven False, *71*

3.10 הַתְרָאָה – Warning, *77*

SECTION FOUR

Laws of עֵדִים פְּסוּלִים — Disqualified Witnesses

4.1 עֵדִים פְּסוּלִים – Overview of Disqualified Witnesses, *83*

4.2 פְּסוּלֵי הַגּוּף – People Intrinsically Disqualified from Serving as Witnesses, *85*

4.3 עֵדִים רְשָׁעִים – Disqualification due to Misconduct, *87*

4.4 עֵדִים קְרוֹבִים – Disqualification due to Relationship, *91*

4.5 בַּעֲלֵי דָבָר – Disqualification due to Personal Involvement, *94*

SECTION FIVE

שְׁבוּעוֹת — Oaths

5.1 שְׁבוּעוֹת – Introduction to Oaths, *99*

5.2 שְׁבוּעַת מוֹדֶה בְּמִקְצָת – An Oath Made by Someone Who Admits to Part of a Claim, *101*

5.3 שְׁבוּעַת עֵד אֶחָד – An Oath Imposed by a Single Witness, *102*

5.4 שְׁבוּעוֹת דְרַבָּנָן – Oaths Imposed by the Sages, *103*

5.5	שְׁבוּעַת הָעֵדוּת – An Oath of Testimony,	*106*
5.6	שְׁבוּעַת הַפִּקָּדוֹן – An Oath Falsely Denying a Financial Obligation,	*108*
5.7	שְׁבוּעַת בִּטּוּי – An Oath of Expression,	*110*
5.8	שְׁבוּעַת שָׁוְא – An Oath Made in Vain,	*113*
5.9	Summary of the Various Oaths,	*115*

SECTION SIX

נְדָרִים — Vows

6.1	נִדְרֵי אִסּוּר – Vows,	*119*
6.2	נִדְרֵי הֶקְדֵּשׁ וְנִדְרֵי מִצְוָה – Vows for Holy Purposes,	*123*
6.3	נְזִירוּת – Laws of a Nazir,	*126*
6.4	Vows Made by Minors,	*130*
6.5	הַתָּרַת נְדָרִים – Annulment of Vows,	*132*
6.6	הֲפָרַת נְדָרִים – Cancellation of Vows Made by One's Wife or Daughter,	*134*

SECTION SEVEN

Marriage and Divorce

7.1	The Various Statuses of a Woman,	*141*
7.2	קִדּוּשִׁין – The First Stage of Marriage,	*143*
7.3	נִשּׂוּאִין – The Second Stage of Marriage,	*146*
7.4	נְדוּנְיָא – Assets Which the Woman Brings to the Marriage,	*151*
7.5	גֵּירוּשִׁין – Divorce,	*155*
7.6	עֵדוּת אִשָּׁה – Testimony Permitting a Woman to Remarry,	*158*
7.7	יִבּוּם – Marrying the Wife of One's Deceased Brother,	*162*
7.8	חֲלִיצָה – Release from the Obligation of Yibum,	*165*
7.9	The Laws of Yibum When There Is More than One Wife or Brother,	*168*
7.10	The Laws of a Married Woman Who Committed Adultery,	*171*

SECTION EIGHT

Forbidden Marriages

8.1 Overview of Forbidden Marriages , *177*

8.2 עֲרָיוֹת – Relatives Whom One Is Forbidden to Marry, *179*

8.3 פְּסוּלֵי קָהָל – People Who May Not Marry a Regular Jew, *182*

8.4 פְּסוּלֵי כְּהוּנָּה – Women Forbidden to a Kohen, *185*

8.5 אֵשֶׁת אִישׁ – A Married Woman, *187*

8.6 The Status of Forbidden Marriages and Children Born from Them, *188*

8.7 Marriage with Non-Jews, *191*

SECTION NINE

The הֲלָכוֹת that Depend on a Girl or Woman's Age and Status

9.1 קַטְנוּת וְגַדְלוּת – Introduction to the Stages of Childhood and Adulthood, *195*

9.2 Accepting Marriage and Divorce on Behalf of One's Daughter, *198*

9.3 קִדּוּשִׁין דְּרַבָּנָן וּמִאוּן – Laws of Marriage of an Orphan Girl, *200*

9.4 The Income of a Girl or Woman, *202*

9.5 אוֹנֵס וּמְפַתֶּה – Penalties for זְנוּת with an Unmarried Girl, *204*

9.6 מוֹצִיא שֵׁם רַע – A Man Who Falsely Accuses His Wife of Adultery, *206*

Glossary 209

Index 231

Acknowledgments

I OWE A DEBT OF GRATITUDE to many individuals for their assistance in compiling this ספר. I would especially like to mention Rabbi Elchonon Karnovsky, שליט"א, for his encouragement and valuable comments; Rabbi Avrohom Aryeh Cohen, שליט"א, for his thoughtful comments and corrections; Mr. Philip Chody, for his professional input; my dear friend Mr. Dan Edelsten of Copenhagen for revising the manuscript and adding his constructive comments; Mr. Danny Royde, whose accuracy and broad knowledge has greatly enhanced the clarity of the concepts presented here; Rabbi Noach Baddiel, שליט"א, the מנהל of the מכינה לישיבה of Manchester, the springboard for the development of this ספר; Mrs. C. B. Gavant for her professional and tireless editing of the manuscript; Mrs. E. Chachamtzedek for her skillful typesetting and page design; Mrs. T. Frankel for her diligent proofreading and Mrs. Z. Thumim for producing the inventive cover design.

I am especially indebted to Rabbi Eliyohu Eliezer Kaufman, שליט"א, who has given so much of his time, his most precious commodity, to clarify countless halachic points. His ongoing support and encouragement over the years have been invaluable. It is a great privilege to be in his proximity.

No words can describe the selfless devotion of Rabbi Shmuel Steinhart, שליט"א, for diligently revising the manuscript. Through his knowledge and clear understanding of its contents, he has enhanced the ספר greatly. His friendship and patience are highly appreciated.

I am especially grateful to our dear children for their encouragement, input, and countless suggestions over many years, which have led to the fruition of this work. יהי רצון שתזכו לשקוד על התורה ועל העבודה מתוך הרחוות הדעת.

I would like to extend my profound הכרת הטוב to מורי ורבי הרה"ג

ר׳ ישראל קליינר שליט״א for his constant guidance in all areas over the last thirty-five years.

At this point I would like to mention the great זכות of my parents, ר׳ קלונימוס בן שלמה ז״ל and מרת רפאלה אלן בת לוי ע״ה, whose כבוד for לומדי התורה and constant מסירת נפש for the לימוד התורה of their children laid the foundation stone for future generations.

Special appreciation goes to my father-in-law, ר׳ חיים נתן בן הרב שלמה ז״ל and יבלח״ט my mother-in-law מרת לילי שתחי׳ Spitzer, whose uncompromising קיום המצות and sincere אהבת התורה is a perpetual example for their children and many others. May their grandchildren and great-grandchildren follow in their footsteps.

My deepest gratitude goes to my dear wife, מרת מירלא שתחי׳, a true עזר כנגדו, whose ongoing support and encouragement has enabled me to dedicate myself entirely to compiling this ספר. May her selfless dedication for כל דבר שבקדושה serve as an example for our children. יהי רצון מלפני אבינו שבשמים שנזכה לראות אך נחת מצאצאינו.

Preface

THE תורה הקדושה, which was given by הקדוש ברוך הוא to בני ישראל at הר סיני, consists of both the תורה שבכתב – the Written Law, known as the חמישה חומשי תורה – and the תורה שבעל פה, the Oral Law. The תורה שבעל פה is the explanation of each of the 613 מצות and was originally passed down orally from generation to generation.

After the חורבן בית שני, however, the trials and persecutions endured by the Jewish people made it increasingly difficult to ensure the accurate transmission of the תורה שבעל פה. Therefore, רבי יהודה הנשיא compiled the ששה סדרי משנה, recording in writing the תורה שבעל פה and the ,מצות תקנות, and גזירות instituted by the חכמים. Later, רבינא and רב אשי recorded the גמרא, which contains detailed explanations and discussions of the משנה. The study of משנה and גמרא is crucial to obtaining a full understanding of the תורה and מצות and has formed the basis of all תורה study for the past two thousand years.

THE SKILLS REQUIRED FOR LEARNING גמרא

A person who wishes to learn גמרא will find that two essential skills are required for this endeavor: the ability to comprehend the words of the text and the proficiency to follow the שקלא וטריא – the question-and-answer style that is unique to the גמרא. As the vocabulary and שקלא וטריא are fairly similar in all מסכתות (tractates), one builds proficiency in both areas with each additional piece of גמרא learned.

There is, however, another indispensable element for learning גמרא: a familiarity with the topics discussed. Each מסכתא of גמרא deals with a different general topic, such as financial issues, damages or marriage.

Even within a מסכתא dealing with a main topic, many סוגיות (sections) turn to other topics. Furthermore, even within a סוגיא dealing with the general topic, the גמרא relies on the learner being familiar with many topics from other parts of ש"ס. It goes without saying that in order to master even one סוגיא, a person must have a basic familiarity with a variety of other topics.

This ספר presents, in an orderly and concise format, the fundamentals of a wide range of common topics in ש"ס.

WHO WILL BENEFIT FROM THIS ספר

This ספר can be used in many different ways and can thus benefit a wide audience.

- **THOSE LEARNING גמרא** will benefit by studying the relevant chapter(s) before learning a new סוגיא.

- **BEGINNERS** who have little or no experience in learning גמרא can study this ספר and broaden their general תורה knowledge, since each topic is explained from a very elementary level without relying on any previous knowledge.

- **MORE ADVANCED לומדים** can use it as a reference work to clarify particular points while learning a סוגיא.

- **TEACHERS** can greatly assist their students by providing the essential background knowledge that is detailed in this ספר before approaching a סוגיא. Alternatively, they can teach the topics systematically to increase their students' general knowledge.

- **PARENTS** can help prepare their children for a סוגיא to be covered in school or ישיבה by studying the relevant chapter(s) with them before the topic is begun in school. Parents will see very soon that children of all ages can accumulate a huge amount of תורה knowledge by learning this ספר in a systematic way.

- **THOSE STUDYING חומש OR משנה** will also benefit from this ספר, gaining clarity in a wide range of topics.

The Chofetz Chaim was once overheard proclaiming: "Hashem! You let me write the *Sefer Mishnah Berurah*. You let me write the *Sefer Chofetz Chaim* and *Shemiras HaLashon*. What can I now do for You?"

I am overwhelmed with feelings of gratitude to the רבונו של עולם for having had the זכות to write this ספר. Throughout the process of writing this ספר, I have experienced an abundance of סייעתא דשמיא, and it is my תפלה that this ספר will be of benefit to the לומדי תורתך הקדושה.

Avigdor Frankenhuis
Manchester, England
אלול תשע״ב / September 2012

- The דינים quoted in this ספר are generally based on the פסק הלכה of the רמב"ם. The reader will not be made aware of any מחלוקת between the אמוראים, תנאים, and ראשונים, where it exists.
- This ספר is not intended as a ספר הלכה. No halachic conclusions should be drawn from anything presented here.

SECTION ONE

The מִצְוֹת and Their Application

1.1 Introduction to the מִצְוֹת
1.2 To Whom the מִצְוֹת Apply
1.3 Circumstances in Which a Person Is Exempt from a מִצְוָה
1.4 Transgression of מִצְוֹת under the Threat of Death

1.1

Introduction to the מִצְוֹת

THE תּוֹרָה הַקְדוֹשָׁה, WHICH הַקָּדוֹשׁ בָּרוּךְ הוּא gave to us at הַר סִינַי, contains 613 מִצְוֹת,[1] which are categorized as follows:

1. מִצְוֹת עֲשֵׂה – POSITIVE COMMANDMENTS

There are 248 מִצְוֹת עֲשֵׂה. Examples are: (a) putting on תְּפִילִין;[2] (b) reciting קְרִיאַת שְׁמַע;[3] (c) אַהֲבַת הַשֵּׁם.[4]

2. מִצְוֹת לֹא תַעֲשֶׂה – PROHIBITIVE COMMANDMENTS

There are 365 מִצְוֹת לֹא תַעֲשֶׂה (also known as לָאוִין). Examples are: (a) not eating meat cooked in milk;[5] (b) not speaking לָשׁוֹן הָרָע;[6] (c) not hating another יִשְׂרָאֵל.[7]

---

1 מכות כג: ומובאות בספרי מוני המצות כגון ספר המצות להרמב"ם ספר החינוך וספר החרדים.

2 סה"מ להרמב"ם מ"ע י"ב-י"ג.

3 סה"מ להרמב"ם מ"ע י'.

4 סה"מ להרמב"ם מ"ע ג'.

5 סה"מ להרמב"ם ל"ת קפ"ז.

6 סה"מ להרמב"ם ל"ת ש"א.

7 סה"מ להרמב"ם ל"ת ש"ב.

Note:

- ☐ מִצְוֹת can involve (a) an action, (b) speech, (c) or thought.[8]
- ☐ מִצְוֹת צְרִיכוֹת כַּוָּנָה – The מִצְוֹת עֲשֵׂה must be done with the correct כַּוָּנָה, i.e., the person must have in mind while doing the מִצְוָה that he is fulfilling a commandment of הַקָּדוֹשׁ בָּרוּךְ הוּא.[9]

RESTRICTIONS ON THE SCOPE OF CERTAIN מִצְוֹת

(1) Some of the מִצְוֹת are restricted to a particular time. These are known as:

(a) מִצְוֹת עֲשֵׂה שֶׁהַזְּמַן גְּרָמָא – for example, eating in the סוּכָּה during סֻכּוֹת.[10]

(b) מִצְוֹת לֹא תַעֲשֶׂה שֶׁהַזְּמַן גְּרָמָא – for example, refraining from eating חָמֵץ during פֶּסַח.

Other מִצְוֹת are not restricted to time and are known as מִצְוֹת שֶׁאֵין הַזְּמַן גְּרָמָא, such as learning תּוֹרָה and refraining from eating נְבֵלָה.

(2) Certain מִצְוֹת have other restrictions, such as:

(a) מִצְוֹת הַתְּלוּיוֹת בָּאָרֶץ – Land-related מִצְוֹת, i.e., those מִצְוֹת that are only applicable to the land of אֶרֶץ יִשְׂרָאֵל, such as the מִצְוָה of separating תְּרוּמוֹת and מַעַשְׂרוֹת.[11]

(b) מִצְוֹת שֶׁבִּכְהוּנָּה – Applicable only to כֹּהֲנִים, for example, performing the עֲבוֹדָה in the בֵּית הַמִּקְדָּשׁ.

(c) מִצְוֹת relating to קָרְבָּנוֹת or an עֶבֶד עִבְרִי, which are not practiced nowadays.

מִצְוֹת חִיּוּבִיּוֹת — Most[12] of the מִצְוֹת עֲשֵׂה are מִצְוֹת חִיּוּבִיּוֹת, i.e., those מִצְוֹת that one is obligated to perform, for example, hearing the שׁוֹפָר on רֹאשׁ הַשָּׁנָה.

מִצְוֹת קִיּוּמִיּוֹת – However, there are some מִצְוֹת that one is not obligated to fulfill, but if a person does fulfill one, he he has done a מִצְוָה, for example, the שְׁחִיטָה of an animal.[13]

---

8 עי׳ פתיחה כוללת להפרי מגדים החלק השלישי אות ג׳.

9 עי׳ שו״ע או״ח סי׳ ס׳ סעי׳ ד׳ ובמ״ב שם.

10 רמב״ם הל׳ עבודת כוכבים פי״ב הל׳ ג׳.

11 רמב״ם הל׳ תרומות פ״א הל׳ א׳.

12 חילוק זה מובא באחרונים בסגנון שונה. עי׳ פתיחה כוללת להפרי מגדים החלק השלישי אות א׳. ועי׳ נחל איתן סי׳ ה׳ סעי׳ ג׳ (דף פ״ב) דמביא ההשלמה המובא במאירי דחילוק זה מובא בלשון מצוה שהיא חובה ומצוה שהיא רשות.

13 רמב״ם הל׳ שחיטה פ״א הל׳ א׳, סה״מ להרמב״ם מ״ע קמ״ו. עי׳ סה״מ להרמב״ם מ״ע ק״ט היא שצונו

Although a person need not slaughter an animal, he has fulfilled a מִצְוָה by doing so.[14]

דִּינִים INTRODUCED BY חַזַ"ל

The חֲכָמִים[15] introduced various laws and rulings, when they considered it necessary, in order to protect and safeguard the observance of the תּוֹרָה.[16] These are categorized as:

גְזֵירוֹת – In order to prevent people from transgressing אִסּוּרִים מִן הַתּוֹרָה, the חֲכָמִים instituted many גְזֵירוֹת (decrees). Examples are: (a) שְׁנִיּוֹת לַעֲרָיוֹת (secondary forbidden marriages – see 8.2);[17] and (b) not moving מוּקְצֶה items on שַׁבָּת.

תַּקָּנוֹת – They instituted several תַּקָּנוֹת, such as: (a) פְּרוּזְבּוּל (a contract overriding cancellation of loans during שְׁמִיטָה);[18] and (b) תְּנַאי כְּתוּבָּה (a husband's financial obligations towards his wife – see 7.3).

מִצְוֹת דְּרַבָּנָן – The חֲכָמִים also introduced a number of מִצְוֹת, for example: (a) lighting נֵרוֹת שַׁבָּת; and (b) reading מְגִילַּת אֶסְתֵּר.[19]

שנטבול במי מקוה ואז נטהר וכו׳ ואין הכוונה באמרנו שהטבילה מצות עשה שיהיה חייב כל טמא שיטהר וכו׳ אבל מי שירצה שיישאר בטומאתו ולא יכנס למחנה שכינה זמן רב הרשות בידו.

14 גם בדרבנן יש מצות קיומיות כגון מצות עירוב.

15 עי׳ רמב"ם הל׳ ממרים פ"א הל׳ ב׳ דבזמן בית המקדש הבית דין הגדול הם הורו הגזרות והתקנות והמנהגות לרבים.

16 עי׳ רמב"ם הל׳ ממרים פ"א הל׳ ב׳.

17 רמב"ם הל׳ אישות פ"א הל׳ ו׳, שו"ע אה"ע סי׳ ט"ו. עי׳ יבמות כא.

18 רמב"ם הל׳ שמיטה ויובל פ"ט הל׳ ט"ז, שו"ע חו"מ סי׳ ס"ז סעי׳ י"ח.

19 עי׳ ספר מצות השם דהביא ז׳ מצות דרבנן שהם קריאת הלל, קריאת מגילת אסתר, הדלקת נרות חנוכה, הדלקת נרות שבת, נטילת ידים לפת, לברך ברכת הנהנין, מצות עירוב.

1.2

To Whom the מִצְוֹת Apply

THERE ARE CERTAIN GROUPS of people[1] who are exempt from keeping some, or all, of the מִצְוֹת.

נָשִׁים – WOMEN

Women are exempt from מִצְוֹת עֲשֵׂה שֶׁהַזְּמַן גְּרָמָא (positive commandments that are governed by a specific time – see 1.1).[2]

(Therefore, women are exempt from מִצְוֹת which apply only: (a) during a particular time of year, e.g., eating in the סוּכָּה during סֻכּוֹת; (b) on certain days of the week, e.g., wearing תְּפִילִין[3] – which is not done on שַׁבָּת and יוֹם טוֹב;[4] and (c) only during the daytime, e.g., wearing צִיצִית.[5])

- Generally speaking, if a woman wishes to keep מִצְוֹת עֲשֵׂה שֶׁהַזְּמַן גְּרָמָא, she may do so.[6]

---

1 עי' רמב"ם הל' מלכים פ"ט הל' א' דבני נח נצטו על ז' מצות.

2 קידושין כט. רמב"ם הל' עבודת כוכבים פי"ב הל' ג'.

3 סה"מ להרמב"ם מ"ע י"ג. שו"ע או"ח סי' ל"ח סעי' ג'.

4 רמב"ם הל' תפילין פ"ד הל' י', שו"ע או"ח סי' ל"א סעי' א'.

5 סה"מ להרמב"ם מ"ע י"ד. רמב"ם הל' ציצית פ"ג הל' ט', שו"ע או"ח סי' ט"ז הל' ב'.

6 רמב"ם הל' ציצית פ"ג הל' ט', שו"ע או"ח סי' ט"ז הל' ב'. ולענין אם נשים מברכות על מ"ע שהזמן גרמא ע"ש ברמב"ם ראב"ד ורמ"א.

- Women are obligated to keep certain מִצְוֹת עֲשֵׂה שֶׁהַזְּמַן גְּרָמָא, including reciting קִידּוּשׁ on שַׁבָּת and eating מַצָּה on the first night of פֶּסַח.[7]
- An עֶבֶד כְּנַעֲנִי has the same level of obligation as a woman with regard to keeping מִצְוֹת.[8] (See vol. II, 8.6.)

OTHER EXEMPTIONS

The following people are also exempt from keeping all מִצְוֹת עֲשֵׂה and are not punishable for transgressing מִצְוֹת לֹא תַעֲשֶׂה:

(1) חֵרֵשׁ – A deaf-mute[9]

(2) שׁוֹטֶה – A mentally impaired person[10]

(3) קָטָן – A minor

Nevertheless, a father is obligated מִדְּרַבָּנָן to educate his children to keep מִצְוֹת and to refrain from transgressing עֲבֵירוֹת.[11]

(A קָטָן[12] is a boy under the age of thirteen years[13] and a קְטַנָּה is a girl under the age of twelve years.[14] They only attain the status of a גָּדוֹל and גְּדוֹלָה if they also have סִימָנִים – signs of physical maturity[15] – see 9.1.)

---

7 רמב"ם הל' עבודת כוכבים פי"ב הל' ג'. ועי"ש דגם חייבות באכילת הפסח ושחיטתו והקהל ושמחה. ויש מצות דרבנן שהן חייבות כגון מקרא מגילה רמב"ם הל' מגילה פ"א הל' א', נר חנוכה רמב"ם הל' חנובה פ"ג הל' ד', ארבעה כוסות רמב"ם הל' מצה פ"ז הל' ז', ולענין הבדלה עי' שו"ע או"ח סי' רצ"ו סעי' ח' ולענין ספירת העומר עי' מג"א או"ח סי' תפ"ט ס"ק א'.

8 עי' רמב"ם הל' עבודת כוכבים פי"ב הל' ב' דחוץ מלא תקיפו פאת ראשכם ולא תשחית פאת זקנך שהעבד עובר עליהם אבל לא האשה.

9 רמב"ם הל' עדות פ"ט הל' י"א. ע' רמב"ם הל' אישות פ"ב הל' כ"ו דחרש היינו שאינו שומע ואינו מדבר.

10 רמב"ם הל' עדות פ"ט הל' ט'. ועי"ש הל' ט' י' ושו"ע חו"מ סי' ל"ה סעי' ח'-י' הגדרת השוטה. עי' רש"י חגיגה ב. ד"ה חוץ מחרש שוטה וקטן דלאו בני דעה נינהו ופטורין ממצות.

11 רמב"ם הל' מאכלות אסורות פי"ז הל' כ"ח והל' אבל פ"ג הל' י"ב.

12 עי' סמ"ע חו"מ סי' ז' ס"ק ט' דלא מצינו שום מצוה וציווי בקטנים מן התורה.

13 ע' רמב"ם ה' אישות פ"ב הל' כ"א ושו"ע או"ח סי' נ"ה סעי' ט' דהשנים הם לפי סדר העיבור שבהן פשוטות ומעוברות ע"פ ב"ד. ועי"ש במ"ב ס"ק מ"ב דלאו דוקא יום אחד אלא כיון שנכנס תחלת היום משנת י"ד ואפילו שעה אחת ואפילו רגע אחת סגי. ועי' שאילתות פ' בחוקותי שאילתא קט"ז אות ב' דבעינן שיעברו עליו י"ג שנים מעת לעת ממש. ועי"ש בהעמק שאלה.

14 כתובות מ: ע' רמב"ם הל' אישות פ"ב הל' כ"ג והל' איסורי ביאה פ"א הל' י"ג.

15 עי' שו"ע או"ח סי' נ"ה סעי' ה' ובמ"ב ס"ק כ"ה.

1.3

Circumstances in Which a Person Is Exempt from a מִצְוָה

THERE ARE CERTAIN CIRCUMSTANCES[1] in which a person is exempt from keeping a מִצְוָה.

EXEMPTIONS FROM מִצְוֹת עֲשֵׂה

1. יוֹתֵר מֵחוֹמֶשׁ – More than a Fifth of One's Possesions

When the fulfillment of the מִצְוַת עֲשֵׂה would involve spending more than a fifth of one's possessions.[2]

> *The poverty-stricken Aryeh lives in a small village, where he is the only observant Jew. A week before סֻכּוֹת he calls a supplier to order a set of אַרְבָּעָה מִינִים. The cheapest set available will cost him $100, more than a fifth of his total possessions, which are valued at $400. Therefore, he is not obligated to purchase אַרְבָּעָה מִינִים.*

1 עי' רמב"ם הל' אבל פ"ד הל' ו' ושו"ע יו"ד סי' שמ"א סעי' א' דאונן פטור מכל המצות האמורות בתורה.

2 רמב"ם הל' ערכין פ"ח הל' י"ג, שו"ע או"ח סי' תרנ"ו.

2. הָעוֹסֵק בְּמִצְוָה פָּטוּר מִן הַמִּצְוָה – If One Is Engaged in a מִצְוַת עֲשֵׂה

If one is engaged in a מִצְוַת עֲשֵׂה and another מִצְוַת עֲשֵׂה presents itself, one is פָּטוּר from the second מִצְוָה.[3]

Chaim sets out to redeem his friend who has been taken captive. His involvement in this mission, which takes a few days, coincides with סֻכּוֹת. Since he is עוֹסֵק in the מִצְוָה of פִּדְיוֹן שְׁבוּיִם, he is פָּטוּר from the מִצְוָה of sitting in the סוּכָּה.[4]

EXEMPTIONS FROM מִצְוֹת לֹא תַעֲשֶׂה

3. פִּקּוּחַ נֶפֶשׁ – Life-Threatening Situations

In order to save one's own life or that of another יִשְׂרָאֵל, if there is no other option, one must transgress a מִצְוַת לֹא תַעֲשֶׂה. For example: driving a critically ill person to the hospital on שַׁבָּת,[5] or eating non-kosher food when one is starving to death.[6]

To avoid transgressing a מִצְוַת לֹא תַעֲשֶׂה a person must be prepared to sacrifice all of his possessions.[7]

(See 1.4 for the דִּינִים of what one should do if he is forced under the threat of death to transgress a מִצְוַת לֹא תַעֲשֶׂה.)

---

3 שו"ע או"ח סי' ל"ח סעי' ח' ברמ"א. ע' סוכה כה. תד"ה שלוחי מצוה דדוקא אם הוא יקיים את המצוה השניה יבטל מהמצוה שעוסק בה עכשיו אבל אם אפשר לקיים את שניהם לא מפטר מהמצוה השניה. וע"ש בר"ן ד"ה ואיכא דכל שהוא עוסק במלאכתו של מקום לא חייבתו תורה לטרוח ולקיים מצות אחרות אע"פ שאפשר.

4 עי' סוכה כה. רש"י ד"ה שלוחי מצוה.

5 רמב"ם הל' שבת פ"ב הל' א' ב', שו"ע או"ח סי' שכ"ח סעי' ב'.

6 רמב"ם הל' מאכלות אסורות פי"ד הל' י"ג. עי' הל' יסודי התורה פ"ה הל' ו' דמתרפאין בכל איסורין שבתורה במקום סכנה חוץ מעבודה זרה וגילוי עריות ושפיכות דמים.

7 שו"ע יו"ד סי' קנ"ז סעי' א' ברמ"א.

עֲשֵׂה דוֹחֶה לֹא תַעֲשֶׂה – A POSITIVE COMMAND OVERRIDES A PROHIBITIVE COMMAND

One may transgress a מִצְוַת לֹא תַעֲשֶׂה when that is the only way to fulfill a particular מִצְוַת עֲשֵׂה. For example, wearing a linen garment with woollen צִיצִית dyed[8] with authentic תְּכֵלֶת would involve the אִסּוּר of שַׁעַטְנֵז. Nevertheless, מִן הַתּוֹרָה[9] this would be permitted, as the מִצְוַת עֲשֵׂה of תְּכֵלֶת overrides the מִצְוַת לֹא תַעֲשֶׂה of שַׁעַטְנֵז. (The rule of עֲשֵׂה דוֹחֶה לֹא תַעֲשֶׂה cannot be implemented at one's own discretion and is limited to specific cases only.)

8 עי' רמב"ם הל' ציצית פ"א הל' ג' ד' דמצוה לכרוך חוט תכלת אבל אינו מעכב את הלבן.

9 רמב"ם הל' ציצית פ"ג הל' ו' ז'. אלא גזירה מדבריהם שמא יתכסה בה בלילה.

1.4

Transgression of מִצְוֹת under the Threat of Death

HOW SHOULD A PERSON act if he is being forced under the threat of death to transgress a מִצְוַת לֹא תַעֲשֶׂה?

1. יַעֲבוֹר וְאַל יֵהָרֵג – TRANSGRESS RATHER THAN BE KILLED

The general rule is that he must transgress the מִצְוַת לֹא תַעֲשֶׂה, since one is obligated to safeguard his own life.[1]

> *A גוֹי enters Yitzchak's house on a freezing cold שַׁבָּת morning, points his gun towards Yitzchak, and instructs him to turn on the heater. Yitzchak must comply, since his life is at stake.*

2. יֵהָרֵג וְאַל יַעֲבוֹר – BE KILLED RATHER THAN TRANSGRESS

In the following circumstances one is obligated to give up one's life:[2]

(a) When he is forced to transgress any of the three עֲבֵירוֹת חֲמוּרוֹת (severe transgressions), which are: (1) עֲבוֹדָה זָרָה (idolatry); (2) גִּילוּי עֲרָיוֹת (forbidden relations); and (3) שְׁפִיכוּת דָּמִים (murder).

---

1 רמב"ם הל' יסודי התורה פ"ה הל' א'.

2 רמב"ם הל' יסודי התורה פ"ה הל' ב'. עי"ש הל' ו' דה"ה דאין מתרפאין בעבודה זרה וגילוי עריות ושפיכות דמים אפילו במקום סכנה.

(b) When he is forced to transgress any other מִצְוַת לֹא תַעֲשֶׂה purely for the purpose of going against the תּוֹרָה (and not for the גּוֹי's benefit) and the transgression would take place בְּפַרְהֶסְיָא (in public), i.e., in the presence of ten Jewish men.

An armed גּוֹי enters the crowded shul, holding a chunk of non-kosher meat. He approaches the Rav and orders him to eat it. The Rav may not do so, even if it might result in the גּוֹי killing him.

(c) At times of שְׁמַד (decrees against keeping מִצְוֹת), one must give up one's life rather than transgress any מִצְוַת לֹא תַעֲשֶׂה, even בְּצִינְעָא (in private).[3]

(*Note*: Even in a time of שְׁמַד, if a decree has been issued not to fulfill a מִצְוַת עֲשֵׂה, one does not have to endanger one's life in order to fulfill that מִצְוַת עֲשֵׂה.[4])

קִידּוּשׁ הַשֵּׁם AND חִילּוּל הַשֵּׁם – SANCTIFICATION AND DESECRATION OF HASHEM'S NAME

- קִידּוּשׁ הַשֵּׁם – A person who, in one of the above cases, was obligated to give up his life and did so has fulfilled the מִצְוָה of קִידּוּשׁ הַשֵּׁם.[5]
- חִילּוּל הַשֵּׁם – If one should have given up one's life, but instead transgressed a מִצְוַת לֹא תַעֲשֶׂה under the threat of death, he has been מְחַלֵּל שֵׁם שָׁמַיִם. Nevertheless, he does not receive מִיתַת בֵּית דִּין or מַלְקוּת for the transgression.[6]

3 רמב"ם הל' יסודי התורה פ"ה הל' ג'

4 שו"ע יו"ד סי' קנ"ז סעי' א' ברמ"א. וע"ש שכתב מיהו אם השעה צריכה לכך ורוצה ליהרג ולקיימו הרשות בידו.

5 רמב"ם הל' יסודי התורה פ"ה הל' ד'. עי"ש דכל מי שנאמר בו יעבור ואל יהרג ונהרג ולא עבר הרי זה מתחייב בנפשו.

6 רמב"ם הל' יסודי התורה פ"ה הל' ד' והל' סנהדרין פ"כ הל' ב'.

PUNISHMENTS

SECTION TWO

Consequences of Transgressing the מִצְוֹת

2.1 Overview of the Punishments Given for Transgressing מִצְוֹת

2.2 Situations in Which a Transgressor Is Not Punished

2.3 מִיתוֹת בֵּית דִּין – Death Sentences Imposed by a Jewish Court

2.4 מַלְקוּת – Lashes

2.5 לָאוִין שֶׁאֵין בָּהֶם מַלְקוּת – Prohibitions Which Are Not Punishable by Lashes

2.6 כָּרֵת וּמִיתָה בִּידֵי שָׁמַיִם – Divine Punishments

2.7 מַכְנִיסִין אוֹתוֹ לַכִּיפָּה – Indirectly Putting to Death

2.8 מַכַּת מַרְדּוּת – Lashes Stipulated by the Sages

2.9 Punishment for Two Transgressions Committed Simultaneously

2.10 קָרְבָּנוֹת – Offerings Brought for Transgressing מִצְוֹת

2.11 תְּשׁוּבָה – Repentance for Transgressing מִצְוֹת

2.1

Overview of the Punishments Given for Transgressing מִצְוֹת

THE תּוֹרָה DESIGNATES VARIOUS punishments for בְּמֵזִיד (intentionally) transgressing the מִצְוֹת. The punishments discussed in this section are:

(1) **מִיתַת בֵּית דִּין** – Death by בֵּית דִּין (which applies to 36 מִצְוֹת לֹא תַעֲשֶׂה).[1]

(2) **כָּרֵת** – Divine punishment (which applies to 34 מִצְוֹת לֹא תַעֲשֶׂה).[2]

(3) **מִיתָה בִּידֵי שָׁמַיִם** – Divine punishment (which applies to 18 מִצְוֹת לֹא תַעֲשֶׂה).[3]

(4) **מַלְקוּת** – Lashes stipulated by the תּוֹרָה (which applies to 207 מִצְוֹת לֹא תַעֲשֶׂה).[4]

(5) **מַכְנִיסִין אוֹתוֹ לַכִּיפָּה** – Indirectly putting to death.

(6) **מַכַּת מַרְדּוּת** – Lashes stipulated by the חֲכָמִים.

Note:

- Most of the חַיָּיבֵי כָּרֵת are liable to מִיתַת בֵּית דִּין or מַלְקוּת as well. Most חַיָּיבֵי מִיתָה

---

1 רמב"ם הל' סנהדרין פט"ו הל' י"ג.

2 כריתות ב. ויש שתי מצות עשה שחייבים עליהן כרת.

3 רמב"ם הל' סנהדרין פי"ט הל' ב'. ויש שתי לאוין הבאים מכלל עשה שחייבים עליהן מיתה בידי שמים.

4 רמב"ם הל' סנהדרין פי"ט הל' א'-ד'.

בְּיְדֵי שָׁמַיִם are liable to מַלְקוּת as well. (See 2.6.)

- מִיתַת בֵּית דִּין and מַלְקוּת are conditional on הַתְרָאָה and עֵדוּת. (See 3.10 and 3.3.)
- תְּשׁוּבָה frees a person from עוֹנֶשׁ בִּידֵי שָׁמַיִם.[5] However, it does not free him from עוֹנֶשׁ בֵּית דִּין.[6] (See 2.11.)

FOR TRANSGRESSING מִצְוֹת עֲשֵׂה

Generally, one is not liable to receive any of the abovementioned punishments for not fulfilling מִצְוֹת עֲשֵׂה (however, see 2.6 and 2.8).

A person who was obligated to fulfill a מִצְוַת עֲשֵׂה and refrained from doing so should bring a קָרְבָּן עוֹלָה.[7]

FOR TRANSGRESSING מִצְוֹת דְּרַבָּנָן

For transgressing מִצְוֹת דְּרַבָּנָן the only punishment that can be given is מַכַּת מַרְדּוּת.

5 עי׳ פירוש המשניות להרמב״ם מכות רפ״ג כי המלקות עם התשובה יכפר כרת ומיתה בידי שמים. ועי׳ ערוך לנר מכות יג: ד״ה ב״ד של מעלה דהביא שיטת הבעל מאור והרמב״ן דמלקות לבד פוטר מכרת גם בלא תשובה וגם תשובה לבד פוטר בלא מלקות.

6 רמב״ם הל׳ תשובה פ״א הל׳ א׳.

7 רמב״ם הל׳ מעשה הקרבנות פ״ג הל׳ י״ד. עי׳ לב חיים (לרבי חיים פלאג׳י) או״ח ח״א סי׳ ל״ד דחייב להביא עולה בין אם ביטל העשה בשוגג ובין אם ביטל במזיד.

2.2

Situations in Which a Transgressor Is Not Punished

IN THE FOLLOWING CASES, someone who commits an עֲבֵירָה is not subject to מִיתַת בֵּית דִּין or מַלְקוּת:

1. שׁוֹגֵג – UNINTENTIONALLY

A transgressor falls into this category if either of the following is the case:

(a) He was ignorant of the הֲלָכָה – i.e., he thought that this was a permitted act.[1]

Zechariah ate a piece of horse meat, not knowing that this is forbidden. He is not חַיָּיב מַלְקוּת.

(b) He was unaware of the circumstances that caused this act to be forbidden.[2]

Yonah planted a tree, not realizing that it was שַׁבָּת. He is not חַיָּיב סְקִילָה.

---

1 רמב״ם הל׳ שגגות פ״ז הל׳ ג׳.

2 רמב״ם הל׳ שגגות פ״ז הל׳ ב׳.

2. מִתְעַסֵּק – UNAWARE

Although aware of the הֲלָכָה, the transgressor did not realize that this particular act would involve transgressing a מִצְוַת לֹא תַעֲשֶׂה.[3]

On Shabbos, Gamliel picked up a flower which he thought was detached from the ground. In fact, the flower was still attached to the stem. He is not punishable.

3. אוֹנֶס – BEYOND HIS CONTROL

The person was compelled to transgress a מִצְוַת לֹא תַעֲשֶׂה – for example, someone forced non-kosher food down his throat.[4]

4. פִּיקוּחַ נֶפֶשׁ – LIFE-THREATENING SITUATIONS

In the following cases, one is actually obligated to carry out the forbidden act:

(a) In order to save his or someone else's life – for example, driving to the hospital on שַׁבָּת in a life-threatening situation.[5]

(b) If one is threatened that, unless he commits an עֲבֵירָה, he will be killed.[6]

(See 1.4 for the circumstances in which a person must sacrifice his life rather than commit an עֲבֵירָה.)

5. NO הַתְרָאָה OR עֵדוּת

If a person בְּמֵזִיד (intentionally) committed an עֲבֵירָה without הַתְרָאָה

---

3 רמב"ם הל' שגגות פ"ב הל' ז'.

4 רמב"ם הל' איסורי ביאה פ"א הל' ט'.

5 רמב"ם הל' שבת פ"ב הל' א'.

6 רמב"ם הל' סנהדרין פ"כ הל' ב'.

(warning – see 3.10),[7] or עֵדוּת (testimony – see 3.3),[8] the בֵּית דִּין is unable to give him the punishment of מִיתַת בֵּית דִּין or מַלְקוּת.

- If one transgresses בְּשׁוֹגֵג[9] a מִצְוַת לֹא תַעֲשֶׂה for which one generally would be liable to receive כָּרֵת, he must bring a קָרְבַּן חַטָּאת as a כַּפָּרָה [10] (see 2.10). In cases of מִתְעַסֵּק[11] or אוֹנֶס,[12] no קָרְבָּן or other כַּפָּרָה is required.
- In cases when בֵּית דִּין is unable to punish a transgressor, he might still be liable to be punished by מַכַּת מַרְדּוּת, כָּרֵת, מִיתָה בִּידֵי שָׁמַיִם or מַכְנִיסִין אוֹתוֹ לַכִּיפָּה (see 2.6, 2.7 and 2.8).

7 רמב"ם הל' סנהדרין פי"ב הל' א' ב'.

8 רמב"ם הל' סנהדרין פ"כ הל' א'.

9 עי' רמב"ם הל' שגגות פ"ב הל' ב' דאם ידע שהיא בלא תעשה אבל לא ידע שחייבין עילה כרת הרי זו שוגג ומביא חטאת.

10 רמב"ם הל' שגגות פ"א הל' א'.

11 רמב"ם הל' שגגות פ"ב הל' ז'. עי"ש דבמאכלות אסורות ועריות חייב חטאת. עי' שו"ת רע"א סי' ח' דאף דמתעסק פטור מקרבן מ"מ מיקרי עבירה בשוגג אבל המתעסק בשבת היכא דליכא מלאכת מחשבת אינו בכלל מלאכה ולא נעשית העבירה כלל. עי' אבי עזרי הל' איסורי ביאה פ"א הל' י"ב דנוקט דאף דשיטת התוס' וכל הראשונים היא דבשאר עבירות מתעסק פטור מקרבן חוץ מחלבים ועריות מ"מ דעת הרמב"ם היא דרק בשבת מתעסק פטור מקרבן.

12 רמב"ם הל' איסורי ביאה פ"א הל' ט'.

2.3

מִיתוֹת בֵּית דִּין
Death Sentences Imposed by a Jewish Court

There are certain severe מִצְוֹת לֹא תַעֲשֶׂה that carry the punishment of מִיתַת בֵּית דִּין.

THE FOUR TYPES OF מִיתַת בֵּית דִּין

1. סְקִילָה – Stoning

The transgressor is pushed down from a high place. If he does not die from the fall, a heavy stone is thrown onto him. If he remains alive, more stones are thrown at him until he dies.[1]

Examples of עֲבֵירוֹת which carry the punishment of סְקִילָה are:[2] (a) חִילוּל שַׁבָּת; (b) worshipping עֲבוֹדָה זָרָה; (c) committing זְנוּת with one's mother.

2. שְׂרֵיפָה – Burning

Molten lead is poured down the transgressor's throat.[3]

---

1 רמב״ם הל׳ סנהדרין פט״ו הל׳ א׳.
2 רמב״ם הל׳ סנהדרין פט״ו הל׳ י׳.
3 רמב״ם הל׳ סנהדרין פט״ו הל׳ ג׳.

Examples of עֲבֵירוֹת which carry the punishment of שְׂרֵיפָה are:[4] (a) committing זְנוּת with one's daughter; (b) committing זְנוּת with one's mother-in-law.

3. הֶרֶג – Beheading

The transgressor is beheaded with a sword.[5]

The people who are punished with הֶרֶג are:[6] (a) a murderer; and (b) אַנְשֵׁי עִיר הַנִּדַּחַת (the inhabitants of a town where the majority of its population served עֲבוֹדָה זָרָה).

4. חֶנֶק – Strangulation

A cloth is tied around the transgressor's neck and is tightened until he dies.[7]

Examples of עֲבֵירוֹת that carry the punishment of חֶנֶק are:[8] (a) committing זְנוּת with a married woman; and (b) injuring and causing bleeding to one's father or mother.[9]

(Out of the 365 מִצְוֹת לֹא תַעֲשֶׂה, a total of 36 carry a punishment of מִיתַת בֵּית דִּין, 18 of them are punished by סְקִילָה, 10 by שְׂרֵיפָה, 2 by הֶרֶג and 6 by חֶנֶק.[10])

ADDITIONAL POINTS

(1) The most severe form of מִיתַת בֵּית דִּין is סְקִילָה, followed by שְׂרֵיפָה, הֶרֶג, and חֶנֶק. A person who committed several עֲבֵירוֹת and is liable

---

4 רמב״ם הל׳ סנהדרין פט״ו הל׳ י״א.
5 רמב״ם הל׳ סנהדרין פט״ו הל׳ ד׳.
6 רמב״ם הל׳ סנהדרין פט״ו הל׳ י״ב.
7 רמב״ם הל׳ סנהדרין פט״ו הל׳ ה׳.
8 רמב״ם הל׳ סנהדרין פט״ו הל׳ י״ג.
9 רמב״ם הל׳ ממרים פ״ה הל׳ ה׳ ו׳, שו״ע יו״ד סי׳ רמ״א סעי׳ א׳ ב׳.
10 רמב״ם הל׳ סנהדרין פט״ו הל׳ י׳-י״ג.

to several מִיתוֹת בֵּית דִין will be put to death by the most severe of them.[11] (See 2.9.)

(2) In all cases of מִיתוֹת בֵּית דִין, the convicted person should do תְּשׁוּבָה and recite וִידּוּי before being put to death.[12]

(3) The transgressor is put to death by the עֵדִים who testified against him.[13] A murderer is put to death by the גּוֹאֵל הַדָּם (i.e., the closest relative, see vol. II, 3.2)[14] or, failing this, by the בֵּית דִין.

(חַיָּבֵי מִיתָה are judged by a בֵּית דִין of 23 דַּיָּינִים סְמוּכִים – see 3.1 and 3.2.)

בֵּן סוֹרֵר וּמוֹרֶה — REBELLIOUS SON

The Death Sentence of a בֵּן סוֹרֵר וּמוֹרֶה

A boy of thirteen years of age who behaves in a gluttonous way could become a בֵּן סוֹרֵר וּמוֹרֶה, and eventually be put to death by בֵּית דִין. The order of events leading the boy to become a בֵּן סוֹרֵר וּמוֹרֶה is as follows:

(1) The boy steals money from his father, using it to buy meat and wine cheaply. Then, having been warned[15] not to do so, he consumes it in a gluttonous way in rough company.[16]

(2) His parents[17] bring him to a בֵּית דִין consisting of three דַּיָּינִים, where

---

11 רמב"ם הל' סנהדרין פי"ד הל' ד'. בין שעבר ב' עבירות זו אחר זו בין שעבר עבירה אחת שחייב עליה שתי מיתות.

12 רמב"ם הל' סנהדרין פי"ג הל' א'. עי"ש הל' ב' דכל חייבי מיתה אחר שמתודים משקין אותם קורט של לבונה בכוס של יין כדי שתטרף דעתם עליהם וישתכרו.

13 רמב"ם הל' סנהדרין פי"ג הל' א'.

14 עי' רמב"ם הל' רוצח ושמירת הנפש פ"א הל' ב' דכל הראוי לירושה הוא גואל הדם.

15 ע' מנחת חינוך מצוה רמ"ח אות י"א בפרטי דיני התראה זו. ועי' רמב"ם הל' ממרים פ"ז הל' ז' דההתראה היא על האכילה.

16 רמב"ם הל' ממרים פ"ז הל' ב'. ועי"ש דאכילה זו שהוא חייב עליה יש בו פרטים רבים.

17 עי' רמב"ם הל' ממרים פ"ז הל' י' דאם אחד מהם אינו רוצה או אם אחד מהם גדם או חיגר או אלם או סומא או חרש הבן אינו נעשה בן סורר ומורה.

they report his misconduct. They bring עֵדִים, who testify about his wrongdoings. בֵּית דִין will then give him מַלְקוּת.

(3) He is later warned again, yet he repeats his former actions (in front of עֵדִים), after which his parents bring him to a בֵּית דִין consisting of 23 דַּיָּנִים. The בֵּית דִין will give him סְקִילָה.[18]

The Age of a בֵּן סוֹרֵר וּמוֹרֶה

For a period of three months after סִימָנִים appear (provided the boy has reached the age of thirteen), a boy can become a בֵּן סוֹרֵר וּמוֹרֶה.[19]

The entire procedure must take place within this period (except for the סְקִילָה, which may take place afterwards).[20]

Why is a בֵּן סוֹרֵר וּמוֹרֶה punished so severely just for theft and gluttony?

The תּוֹרָה makes this exceptional ruling because it foresees that such behavior will lead to robbery and murder. Therefore, it is better that the boy die as a relatively innocent person than as a guilty one.[21]

---

18 רמב"ם הל' ממרים פ"ז הל' ז'.

19 רמב"ם הל' ממרים פ"ז הל' ה' ו'. עי"ש דאם הקיף השער את כל הגיד קודם שישלים שלשה חדשים כבר אינו נסקל.

20 עי' רמב"ם הל' ממרים פ"ז הל' ט' דאם נגמר דינו לפני שהזקין הרי הוא נסקל אפילו אחרי שהזקין.

21 סנהדרין עא: עב.

2.4

מַלְקוּת
Lashes

GENERALLY, FOR TRANSGRESSING בְּמֵזִיד a מִצְוַת לֹא תַעֲשֶׂה, one is liable to מַלְקוּת – 39 lashes given by בֵּית דִּין.[1]

Some examples of חִיּוּבֵי מַלְקוּת are:[2] (a) cooking meat in milk; (b) חִילוּל יוֹם טוֹב; and (c) shaving one's beard with a razor.

Before מַלְקוּת are administered, the transgressor is assessed as to whether he is fit enough to receive 39 lashes. If his physical condition is such that he could die from receiving this amount, he is given a lesser number, which must always be a multiple of three.[3]

> *Avimelech is sentenced by בֵּית דִּין to מַלְקוּת for cooking meat in milk. His physical condition is such that he will not be able to withstand more than twenty-five lashes. In practice, he will only receive twenty-four lashes, which is the highest multiple of three that he is able to endure. Even when he recovers, he will not receive the remainder of the מַלְקוּת.*[4]

---

1 עי' מכות ב: רש"י ד"ה תיפוק דכל עונשי לאוין מלקות אלא במקום שפירש לך בו עונש.

2 רמב"ם הל' סנהדרין פי"ט הל' א' ב' ד'.

3 רמב"ם הל' סנהדרין פי"ז הל' א' ב'.

4 עי' רמב"ם הל' סנהדרין פי"ז הל' ב'.

When receiving מַלְקוּת, the transgressor must do תְּשׁוּבָה and recite וִידּוּי in order to attain a full atonement.[5]

(Of the 365 מִצְוֹת לֹא תַעֲשֶׂה, a total of 207 carry a penalty of מַלְקוּת.[6] See 2.5 as to which categories of מִצְוֹת לֹא תַעֲשֶׂה are not punished by מַלְקוּת. Certain מִצְוֹת לֹא תַעֲשֶׂה carry a punishment of כָּרֵת or מִיתָה בִּידֵי שָׁמַיִם as well as מַלְקוּת – see 2.6. חַיָּיבֵי מַלְקוּת are judged by a בֵּית דִּין of three דַּיָּינִים סְמוּכִים – see 3.1 and 3.2.)

5 רמב"ם הל' תשובה פ"א הל' א'. ועי' ריטב"א יומא לו.

6 עי' רמב"ם הל' סנהדרין פי"ט הל' א' ב' ד'.

2.5

לַאוִין שֶׁאֵין בָּהֶם מַלְקוּת
Prohibitions Which Are Not Punishable by Lashes

GENERALLY, THE PUNISHMENT FOR transgressing a לָאו is מַלְקוּת (as mentioned in 2.4). However, לַאוִין in the following categories are not punishable by מַלְקוּת:[1]

1. לָאו שֶׁאֵין בּוֹ מַעֲשֶׂה

A לָאו which one violates without performing an action,[2] for example: (a) לֹא תוּכַל לְהִתְעַלֵּם (not picking up a lost object), and (b) speaking לָשׁוֹן הָרָע.

Speech is not regarded as a מַעֲשֶׂה, and therefore one is generally not punished by בֵּית דִּין for transgressing a לָאו which involves speech. However, the following לַאוִין are exceptions and, although transgressed through speech, they are

1 עי' כסף משנה הל' סנהדרין פי"ח הל' ב' ופירוש המשניות להרמב"ם מכות רפ"ג הסבר רחב על איזה סוג לאוין אין לוקין. עי' פתחי תשובה חו"מ סי' ל"ד ס"ק ה' דהביא האורים ותומים דהא דלאו שניתן לאזהרת מיתת בית דין ולאו שניתק לעשה אינם לוקין הוא לחומר האיסור אבל לאו שאין בו מעשה דאין לוקין עליו הוא לקלות הענין.

2 רמב"ם הל' סנהדרין פי"ח הל' ב'.

punishable with מַלְקוּת: (a) שְׁבוּעַת שָׁקֶר and שְׁבוּעַת שָׁוְא[3] (see 5.7 and 5.8); (b) מְקַלֵּל אֶת חֲבֵירוֹ בְּשֵׁם; and (c) תְּמוּרָה – substituting a חולין animal for a קָרְבָּן.[4]

2. לַאו שֶׁנִּיתָּן לְאַזְהָרַת מִיתַת בֵּית דִּין

A לַאו which carries the punishment of מִיתַת בֵּית דִּין.[5]

(*Note*: Even in a situation where the transgressor will not receive מִיתַת בֵּית דִּין – for example, if there was no הַתְרָאָה for מִיתָה, but he was warned for מַלְקוּת[6] – he will nevertheless not receive מַלְקוּת for this לַאו.)

3. לַאו שֶׁנִּיתָּק לַעֲשֵׂה

A לַאו which can be rectified by fulfilling an עֲשֵׂה.[7] For example, a landowner who harvested his entire crop without leaving פֵּאָה can rectify the לַאו by giving some of the harvested crop to the poor.[8] (Someone who transgresses a לַאו שֶׁנִּיתָּק לַעֲשֵׂה should bring a קָרְבָּן עוֹלָה – see 2.10.[9])

4. לַאו שֶׁנִּיתָּן לְתַשְׁלוּמִין

A לַאו which can be rectified through payment, for example, גְּנֵיבָה.[10]

5. לַאו שֶׁבִּכְלָלוֹת

A לַאו which covers more than one אִסוּר.[11] For example, לֹא תֹאכְלוּ עַל הַדָּם,[12]

3 רמב"ם הל' שבועות פ"א הל' ג' ז'.

4 רמב"ם הל' סנבדרין פי"ח הל' ב'. עי' שבועות כא. תד"ה חוץ דה"ה עדים זוממין ומוציא שם רע חשיבי אין בהם מעשה ולוקין.

5 רמב"ם הל' סנהדרין פי"ח הל' ב'.

6 עי' מכות יג:

7 רמב"ם הל' סנהדרין פי"ח הל' ב'.

8 רמב"ם הל' מתנות עניים פ"א הל' ג' ופ"ב הל' י"א.

9 רמב"ם הל' מעשה הקרבנות פ"ג הל' י"ד.

10 רמב"ם הל' גניבה פ"א הל' א', הל' סנהדרין פי"ח הל' ב'.

11 רמב"ם הל' סנהדרין פי"ח הל' ב' ג'.

12 ויקרא יט:כו.

which includes the אִסּוּר of eating from a slaughtered animal while it is still moving and of eating meat of a קָרְבָּן before its blood has been sprinkled.[13]

6. לַאו הַבָּא מִכְּלַל עֲשֵׂה

A לַאו which is deduced from an עֲשֵׂה,[14] such as the commandment וּמִיּוֹם הַשְּׁמִינִי וְהָלְאָה יֵרָצֶה[15] (when one wishes to sacrifice an animal as a קָרְבָּן, it is a מִצְוַת עֲשֵׂה to do so from the eighth day after birth and onwards).[16] We deduce from here that it is forbidden to sacrifice it before its eighth day. However, since the prohibition is not specifically expressed as a מִצְוַת לֹא תַעֲשֶׂה, one is not liable to מַלְקוּת.

13 עי' סנהדרין סג.

14 עי' כסף משנה הל' סנהדרין פי"ח הל' ב'.

15 ויקרא כב:כז.

16 רמב"ם הל' איסורי מזבח פ"ג הל' ח'.

2.6

כָּרֵת וּמִיתָה בִּידֵי שָׁמַיִם
Divine Punishments

BESIDES THE PUNISHMENTS GIVEN by בֵּית דִּין (see 2.3 and 2.4), there are certain punishments given by שָׁמַיִם (Heaven). These are called כָּרֵת and מִיתָה בִּידֵי שָׁמַיִם. Both of these punishments involve the transgressor dying prematurely. (There are many different opinions as to what the difference is between these two punishments – see footnotes.[1])

כָּרֵת – 36 severe מִצְוֹת[2] carry the punishment of כָּרֵת.[3]

These מִצְוֹת fall into the following categories:

- 13 are מִצְוֹת לֹא תַעֲשֶׂה which also carry מִיתַת בֵּית דִּין,[4] for example, חִילּוּל שַׁבָּת.

---

1 עי׳ דרך חיים לרבינו חיים ויטאל שער א׳ פרק ג׳ דהביא כמה דעות בזה: א) סברת הרמב״ן דכרת הוא מת עד ששים שנה ושנת ששים עצמה הוי מיתה בידי שמים. ב) סברת התוספות כי תרווייהו פחות משׁשים אלא שהכרת הוא וזרעו נכרתין ומיתה בידי שמים אין זרעו נכרת. ג) סברא אחרת בתוספות דכרת הוא מת עד ששים שנה ומיתה בידי שמים אין לה זמן קבוע ואפילו אם היה אחר הששים. ד) סברת הירושלמי דכרת הוא מת עד חמישים שנה ומיתה בידי שמים הוא מת עד ששים.

2 כריתות ב.

3 עי׳ דרך חיים לרבינו חיים ויטאל שער א׳ פרק ג׳ דהביא דעת הרמב״ן בהסבר כרת: א) מי שרובו זכויות ואכל חלב במזיד נכרת בגופו קודם שיגיע לשנת ששים אבל אין נפשו בהכרת ויש לו חלק לעוה״ב. ב) מי שרובו עונות וחטא במזיד בעון כרת אז נכרת נפשו לבדה ואין לו כרת בגופו. ג) מי שבידו מן העבירות החמורות כגון מפר ברית והמינין והאפיקורסין ופורק עול נכרתים גופם ונפשם ויורדין לגיהנום לדורי דורות. ד) וכל שלשה אלו הם נכרתים ולא זרעם. אבל הנאמר בהם ערירים ימותו כגון מן העריות נכרתים הם וזרעם.

4 עי׳ פירוש המשניות להרמב״ם סנהדרין ספ״ט שהמחוייב כרת ישאר העונש עליו אחר המיתה.

- ◻ 21 are מִצְוֹת לֹא תַעֲשֶׂה which also carry מַלְקוּת,[5] for example, eating blood.[6]
- ◻ There are 2 מִצְוֹת עֲשֵׂה where כָּרֵת is incurred for not fulfilling them בְּמֵזִיד; these are בְּרִית מִילָה[7] and קָרְבַּן פֶּסַח.[8]

מִיתָה בִּידֵי שָׁמַיִם – 20 מִצְוֹת carry the punishment of מִיתָה בִּידֵי שָׁמַיִם.

These מִצְוֹת fall into the following categories:

- ◻ 18 are מִצְוֹת לֹא תַעֲשֶׂה which carry מַלְקוּת, for example, eating טֶבֶל.[9]
- ◻ 2 are לָאוִין הַבָּאִין מִכְּלַל עֲשֵׂה (see 2.5) and do not carry the punishment of מַלְקוּת.[10] These are: (a) serving in the בֵּית הַמִּקְדָּשׁ without קִדּוּשׁ יָדַיִם וְרַגְלַיִם; and (b) a נָבִיא who withholds his נְבוּאָה, or transgresses his own נְבוּאָה, or someone who disregards the words of a נָבִיא.

(If the transgressor did תְּשׁוּבָה[11] then הַקָּדוֹשׁ בָּרוּךְ הוּא will forgo the כָּרֵת or מִיתָה בִּידֵי שָׁמַיִם – see 2.11.)

---

5 עי' רמב"ם הל' סנהדרין פי"ז הל' ז' דכל מחוייבי כרת שלקו נפטרו מידי כרתן.

6 רמב"ם הל' סנהדרין פי"ט הל' א'.

7 רמב"ם הל' מילה פ"א הל' א'.

8 רמב"ם הל' קרבן פסח פ"א הל' ב' .

9 רמב"ם הל' סנהדרין פי"ט הל' ב'.

10 רמב"ם הל' סנהדרין פי"ט הל' ג'.

11 רמב"ם הל' תשובה פ"א הל' ד'. עי' פירוש המשניות להרמב"ם מכות רפ"ג כי המלקות עם התשובה יכפר כרת ומיתה בידי שמים. ועי' ערוך לנר מכות יג: ד"ה ב"ד של מעלה דהביא שיטת הבעל מאור והרמב"ן דמלקות לבד פוטר מכרת גם בלא תשובה וגם תשובה לבד מכפרת כרת בלא מלקות.

2.7

מַכְנִיסִין אוֹתוֹ לַכִּיפָּה
Indirectly Putting to Death

IN CERTAIN CASES, WHEN someone commits an עֲבֵירָה, the בֵּית דִּין will punish him by מַכְנִיסִין אוֹתוֹ לַכִּיפָּה (lit., putting him in a small cell).[1] This means that the transgressor is confined to a small room, where he will receive a very limited amount of food and water so that his stomach shrinks. Following that, he is fed barley, causing his stomach to burst.[2] This punishment is given to:

1. לָקָה וְשָׁנָה – ONE WHO RECEIVED מַלְקוּת TWICE

Someone who committed an עֲבֵירָה which carries כָּרֵת on two occasions, and received מַלְקוּת. When he does the same[3] עֲבֵירָה for the third time, instead of being given מַלְקוּת again, he is punished with מַכְנִיסִין אוֹתוֹ לַכִּיפָּה.

> *Zechariah drank blood[4] after having been warned and received מַלְקוּת. He repeated the עֲבֵירָה and received מַלְקוּת again. Apparently he did not*

---

1 עי' סנהדרין פא: רש"י ד"ה והיכא רמיזה דעונש כיפה היא הלכה למשה מסיני.
2 רמב"ם הל' סנהדרין פי"ח הל' ד'.
3 רמב"ם הל' סנהדרין פי"ח הל' ד'. וז"ל ולקה פעם שניה על אותו כרת עצמו. ועי' ערוך לנר סנהדרין פא: ד"ה הכא במלקות דיש להסתפק האם הדין כך במלקיות של חייבי מיתה בידי שמים.
4 עי' רמב"ם הל' מאכלות אסורות פ"ו הל' ג' ד' דאינו חייב כרת אלא על דם הנפש.

learn his lesson, as a while later he drank some more blood. Instead of receiving מַלְקוּת for the third time, he is punished with in מַכְנִיסִין אוֹתוֹ לַכִּיפָּה.

2. לֹא קִיבֵּל עָלָיו הַהַתְרָאָה – ONE WHO DID NOT ACCEPT THE WARNING

A person who, on three occasions, committed an עֲבֵירָה without responding to the הַתְרָאָה (see 3.10) is punished with מַכְנִיסִין אוֹתוֹ לַכִּיפָּה. This applies to עֲבֵירוֹת which carry מִיתַת בֵּית דִּין, or those which carry כָּרֵת and מַלְקוּת.[5]

Amos was מְחַלֵּל שַׁבָּת without having responded to the warning he was given. A few weeks later he repeated this עֲבֵירָה, again without responding to the warning. The next שַׁבָּת he again did a מְלָאכָה, ignoring the warning. He therefore ends up being punished with מַכְנִיסִין אוֹתוֹ לַכִּיפָּה.

3. הַהוֹרֵג נֶפֶשׁ – A MURDERER

A murderer who cannot be punished by the normal מִיתַת בֵּית דִּין because: (a) he was not given הַתְרָאָה; or (b) the two עֵדִים did not see the murder together; or (c) the עֵדִים contradicted each other during the בְּדִיקוֹת in בֵּית דִּין[6] (see 3.6) – but the בֵּית דִּין is nevertheless convinced that he murdered בְּמֵזִיד.

5 רמב"ם הל' סנהדרין פי"ח הל' ה'.

6 רמב"ם הל' רוצח ושמירת הנפש פ"ד הל' ח'.

2.8

מַכַּת מַרְדּוּת
Lashes Stipulated by the Sages

IN CERTAIN SITUATIONS A transgressor will receive מַכַּת מַרְדּוּת,[1] which are lashes stipulated by the חֲכָמִים.

(מַכַּת מַרְדּוּת are less strict than מַלְקוּת מִן הַתּוֹרָה. According to some opinions they are given with less force;[2] others are of the opinion that the transgressor only receives thirteen lashes.[3])

מַכַּת מַרְדּוּת could be administered for the following reasons:[4]

---

1 עי' ריטב"א מכות כב: ד"ה ושתים רצועות לשון רידוי כאדם הרודה במקל כו' כאב הרודה את בנו. עי' תפארת ישראל מכות פ"ג אות ג' דהוא מלשון מרד שמרד בדברי חכמים. עי' שדי חמד מערכת המ"ם כלל קפ"ב אי מכת מרדות בעי התראה. עי' שו"ת הרשב"ש סי' תר"י דהוי מתקון משמרת למשמרתי.

2 עי' ריטב"א מכות כב: ד"ה ושתים רצועות די"א דמכין אותו בין במקל בין ברצועה מכות שיראו בי"ד לפי מרדו. עי' ריטב"א כתובות מה: ד"ה לוקה דהביא שיטת רבי' מאיר הלוי שמכין אותו האומד ולהקל ממכות של תורה.

3 עי' תפארת ישראל מכות פ"ג אות ג' דהביא שיטת הריב"ש דמכת מרדות היא ל"ט רק שאינם חזקים כשל תורה ושיטת המג"א דהם י"ג מכות שליש מלקות התורה.

4 המערכה הזו מבוססת ע"פ שיטת הריטב"א כתובות מה: ד"ה לוקה דנראין הדברים דכל מכת מרדות שהיא על עבירה נמשכת ויש בו לחוש להבא מכין אותו עד שתצא נפשו או עד שיקבל עליו כראוי דברי חכמים וכל שהיא על עבירה שאינה נמשכת אלא ליסרו לשעבר דנין אותו באומד ב"ד ובפחות ממלקות של תורה. ועי' סמ"ע חו"מ סי' ע"ג ס"ק י"ז. עי' תפארת ישראל מכות פ"ג אות ג' הסבר רחב בענין מכת מרדות. דאם עבר כבר על איסור דרבנן בעבירה נמשכת שעובר עדיין על איסור דבריהם מכין אותו עד שתצא נפשו כגון חלוצה לכהן או כשהוא מסרב לקיים עשה כגון אם אינו רוצה ליטול לולב או לישב בסוכה מכין אותו עד שתצא נפשו. עי' ירושלמי נזיר פ"ד הל' ג' ובקרבן העדה שם דמכת מרדות מלקין אותו בלי שיעור עד שיקבל עליו דברי תורה והמצות או מלקין אותו עד שימות מחמת הכאות אלו.

1. AS A PUNISHMENT

(a) מִצְוֹת לֹא תַעֲשֶׂה שֶׁאֵין בָּהֶם מַלְקוּת לָאוִין – If someone transgressed certain מִצְוֹת לֹא תַעֲשֶׂה[5] that are not punishable with מַלְקוּת,[6] such as a לָאו שֶׁאֵין בּוֹ מַעֲשֶׂה (see 2.5).

(b) לֹא קִיבֵּל עָלָיו הַתְרָאָה – If someone transgressed a מִצְוַת לֹא תַעֲשֶׂה that carries מִיתַת בֵּית דִּין or מַלְקוּת and did not respond to the הַתְרָאָה.[7]

(A transgressor is only punishable if he responds that he is aware of the punishment for the עֲבֵירָה – see 3.10.)

2. TO FORCE ONE TO CORRECT HIS WAYS

Depending on the circumstances, בֵּית דִּין may decide to give a person מַכַּת מַרְדּוּת as a means of forcing him to correct his ways. This could continue עַד שֶׁתֵּצֵא נַפְשׁוֹ (until he dies).[8] This would apply in the following cases:

(a) מִצְוַת עֲשֵׂה – A person who refuses to fulfill a specific מִצְוַת עֲשֵׂה, for example, the מִצְוָה of לוּלָב.[9]

---

5 עי' רמב"ם הל' איסורי ביאה פ"א הל' ח' הבא על אחת מחייבי עשה אינו לוקה ואם הכו אותם ב"ד מכת מרדות כדי להרחיק מן העבירה הרשות בידם. ועי' רמב"ם הל' בכורים פ"ג הל' ו' דהאוכל בכורים באנינות מכין אותו מכת מרדות.

6 עי' מורה נבוכים חלק ג' פרק מ"א דמכין מכת מרדות על לאוין שאין לוקין עליהן. עי' רמב"ם הל' חמץ ומצה פ"א הל' ג' דהמניח חמץ בפסח ברשותו שהוא עובר על לאו בלא עשיית מעשה מכין אתו מכת מרדות. עי' הל' עדות פי"ח הל' ו' דהעובר על לאו שניתן לאזהרת מיתת בית דין מכין אותו מכת מרדות כפי מה שיראו. עי' כסף משנה הל' גירושין פי"א הל' י"ד דאפשר דהעובר על לאו שבכללות מלקין אותו מכת מרדות.

7 רמב"ם הל' סנהדרין פי"ח הל' ה'. עי' שו"ע חו"מ סי' ע"ג סעי' ה' ובסמ"ע ס"ק י"ז דמשמע דגם אם עבר על לאו ולא היתה בה התראה כלל מכין אותו מכת מרדות.

8 עי' שטמ"ק כתובות פו. ד"ה לדידך בשם תלמידי רבינו יונה דבכל מקום שאמרו מכין אותו עד שתצא נפשו רוצה לומר שאין שם שיעור ידוע אלא שיחלישו כוחו.

9 חולין קלב: ועי"ש רש"י ד"ה כגון שאין בהן חסרון כיס כולי האי. ועי' כתובות פו: רש"י ד"ה מכין קודם שעבר על העשה ויש בידו לקיים.

(b) אִסּוּרֵי דְּרַבָּנָן – If someone transgressed certain[10] אִסּוּרֵי דְּרַבָּנָן,[11] for example: (a) committing זְנוּת with one of the שְׁנִיּוֹת לַעֲרָיוֹת, e.g., one's grandmother;[12] (b) transgressing certain אִסּוּרִים relating to שַׁבָּת;[13] or (c) a כֹּהֵן who commits זְנוּת with a חֲלוּצָה.[14]

3. FOR INAPPROPRIATE BEHAVIOR

For inappropriate behavior, such as treating a שְׁלִיחַ בֵּית דִּין with disrespect, one might receive מַכַּת מַרְדּוּת.[15]

10 עי' רמב"ן על ספר המצות שורש ראשון (עמ' כ"ב) דמי שעובר על הגזרות שגזרו חכמים יש להם מכת מרדות ולא כמו שהחמיר הרמב"ם דבכל עבירות של דבריהם לוקה מכת מרדות.

11 רמב"ם הל' סנהדרין פי"ח הל' ה'.

12 רמב"ם הל' איסורי ביאה פ"א הל' ח'. עי"ש דהבא על אחת מחייבי עשה אינו לוקה ואם הכו אותו ב"ד מכת מרדות כדי להרחיק מן העבירה הרשות בידם.

13 רמב"ם הל' שבת פ"א הל' ג'. ועי"ש במ"מ.

14 רמב"ם הל' איסורי ביאה פי"ז הל' ז'. עי' תוס' מכות יג. ד"ה גרושה וחלוצה ותפארת ישראל מכות פ"ג אות ג'.

15 רמב"ם הל' סנהדרין פכ"ה הל' ו'. עי' הל' אישות פ"ג הל' כ"א כ"ב דהמקדש בביאה והמקדש בלא שידוכין והמקדש בשוק מכין אותו מכת מרדות.

2.9

Punishment for Two Transgressions Committed Simultaneously

IF A PERSON COMMITS two עֲבֵירוֹת at the same time,[1] each of which carry a different punishment, the בֵּית דִּין will only punish him for one of them.

This applies to three types of punishments: (a) מִיתַת בֵּית דִּין (death penalty); (b) מַלְקוּת (lashes); and (c) תַּשְׁלוּמִין (payment).

- If the עֲבֵירוֹת carry the punishments of מִיתָה and מַלְקוּת – he is חַיָּיב מִיתָה and does not receive מַלְקוּת.[2]

    Uriah wounds his father on יוֹם טוֹב. Since he is חַיָּיב מִיתָה for injuring his father, he does not receive מַלְקוּת, which would be the normal punishment for making a wound on יוֹם טוֹב.

- If the עֲבֵירוֹת carry the punishments of מִיתָה and תַּשְׁלוּמִין[3] – he is חַיָּיב מִיתָה and does not pay.

---

1 עי' כתובות ל: דאפילו אם שתי העבירות נעשו בשתי פעולות כגון זר שאכל תרומה וקרע שיראין של חבירו פטור מתשלומין.

2 עי' כתובות לז: תד"ה וחדא שכתבו אין לנו לומר דילקה ולא ימות.

3 מובא בשם הגאון מטשעבין דמכניסין אותו לכפה אינו פוטר מחיוב ממון כדמוכח רש"י ב"ק כו. ד"ה ויהא אדם חייב בכופר כגון במזיד ולא אתרו ביה דליתיה בר קטלא ולא בר גלות.

(This is referred to as קָם לֵיהּ בִּדְרַבָּה מִינֵּיה – a transgressor is subject only to the stricter punishment.[4])

Elimelech sets fire to his neighbor's haystack on שַׁבָּת. He would be liable to pay for the damage, but since he was מְחַלֵּל שַׁבָּת, which carries the punishment of מִיתַת בֵּית דִּין, he is exempt from paying for the haystack.

- ▫ If the עֲבֵירוֹת carry the punishments of מַלְקוּת and תַּשְׁלוּמִין – he receives מַלְקוּת and does not pay.[5]

Machlon picks an orange from Osher's tree on יוֹם טוֹב and eats it.[6] He receives מַלְקוּת for חִילּוּל יוֹם טוֹב and is פָּטוּר from paying for the orange.

(*Note*: An exception to the above rule is the case of חוֹבֵל בַּחֲבֵירוֹ – a person who injures someone else. Such a person pays for the injury – תַּשְׁלוּמִין – and does not receive מַלְקוּת.[7])

CASES IN WHICH ONE IS NOT PUNISHABLE FOR THE MORE SERIOUS עֲבֵירָה

If the transgressor is not punishable for the more serious עֲבֵירָה because he did it either בְּשׁוֹגֵג (unintentionally) or without הַתְרָאָה (warning), the דִּין is as follows:

4 גיטין נב: ונפ"ל מהפסוק ואם לא יהיה אסון שהוא קאי על מיתה ותשלומין (עי' כתובות לו:). אבל מיתה ומלקות, ומלקות ותשלומין נפ"ל מכדי רשעתו. (עי' כתובות לז: תד"ה וחדא.)

5 עי' פמ"ג או"ח ח"א פתיחה כוללת חלק א' אות כ"ז דמכת מרדות אינו פוטרת מממון.

6 דאם החפץ הוא בעין הוא חייב להחזירו אפילו אם באין כאחת. עי' רמב"ם הל' גניבה פ"ג הל' ב' ובמ"מ ושו"ע חו"מ סי' שנ"א סעי' א'.

7 עי' רמב"ם הל' חובל ומזיק פ"ד הל' ט' ושו"ע חו"מ סי' תכ"ד סעי' ב' דאפילו אם חבל בו במזיד ביום הכפורים חייב בתשלומין ואינו לוקה. ועי' קהילות יעקב כתובות סי' ל"ג דהביא דעת ההג"א דדוקא לאו דלא יוסיף נדחה מפני תשלומי חובל אבל ל"ת אחרת כגון יום הכפורים לא. ועי' ברמב"ם הל' חובל ומזיק פ"ה הל' ג' ושו"ע חו"מ סי' ת"כ סעי' ב' דבהכאה שאין בה שוה פרוטה הוא לוקה שהרי אין כאן תשלומין.

- □ In the case of מִיתָה and תַּשְׁלוּמִין – even if the עוֹנֶשׁ of מִיתַת בֵּית דִּין is not carried out, he is still פָּטוּר from תַּשְׁלוּמִין.[8]

  Elimelech sets fire to Iyov's haystack on שַׁבָּת. He is not warned before being מְחַלֵּל שַׁבָּת and is therefore not sentenced to death by בֵּית דִּין. Nevertheless, בֵּית דִּין cannot force him to pay for the haystack.

Although in such a case בֵּית דִּין cannot enforce payment, the transgressor is חַיָּיב בְּדִינֵי שָׁמַיִם and ought to pay of his own accord.[9] It follows that nowadays, when cases involving מִיתַת בֵּית דִּין are not judged anymore, the culprit is פָּטוּר בְּדִינֵי אָדָם and חַיָּיב בְּדִינֵי שָׁמַיִם.

- □ In the case of מַלְקוּת and תַּשְׁלוּמִין – if the עוֹנֶשׁ of מַלְקוּת is not carried out, the transgressor must pay.[10]

  Shamai chopped down his neighbor's palm tree on יוֹם טוֹב, not realizing that it was יוֹם טוֹב. Since he is not חַיָּיב מַלְקוּת, he must pay for the damage caused.

- □ In the case of מִיתָה and מַלְקוּת – if the עוֹנֶשׁ of מִיתַת בֵּית דִּין is not carried out, he receives מַלְקוּת.[11]

  Uriah wounded his father on יוֹם טוֹב. Just before causing the injury he was warned, "Do not injure that person, it is יוֹם טוֹב and you will be חַיָּיב מַלְקוּת." Since no reference was made to the חִיּוּב מִיתָה for injuring his father, he receives מַלְקוּת.

---

8 רמב"ם הל' נערה בתולה פ"א הל' י"ג י"ד והל' גניבה פ"ג הל' א' ג' והל' חובל ומזיק פ"ד הל' ז', שו"ע חו"מ סי' תכ"ד סעי' א'.

9 עי' ב"מ צא. רש"י ד"ה רבא אמר אפילו במקום מיתה נמי רמו תשלומין עליה אלא שאין כח לענשו בשתים אבל ידי שמים לא יצא עד שישלם. ועי' ים של שלמה ב"ק פ"ו סי' ו' בשם צפנת פנעח דכל מקום שאמרו חייב בדיני שמים אם בא צריכין להודיעו אין אנו יכולין לחייב אותך אבל צריך אתה לצאת ידי שמים כי דינך מסור לו כדי שיתן אל לבו וירצה את חבירו ויצא ידי שמים. ועי' קצה"ח סי' כ"ח ס"ק א'. עי' אבי עזרי הל' גניבה פ"ג הל' א' דמדייק מהרמב"ם דאינו חייב לשלם כלל.

10 רמב"ם הל' גניבה פ"ג הל' א'.

11 רמב"ם הל' סנהדרין פט"ז הל' ה'.

WHEN BOTH עֲבֵירוֹת CARRY A SIMILAR PUNISHMENT

If both עֲבֵירוֹת carry a similar punishment, the דִּין is as follows:

- In a case where both carry מִיתַת בֵּית דִּין, he will be put to death by the stricter מִיתָה.[12] (For the order of severity, refer to 2.3.)

  Elifaz commits זְנוּת with his father's wife. The fact that she is also an אֵשֶׁת אִישׁ means that he is חַיָּב חֶנֶק, and because she is his father's wife he is חַיָּב סְקִילָה. He is sentenced to death by סְקִילָה, which is the stricter punishment of the two.

- In a case where both carry the punishment of מַלְקוּת, he receives a separate set of מַלְקוּת for each עֲבֵירָה.[13]

  Machlon plows a field on יום טוב using a donkey and a cow, which is כִּלְאַיִם. Both of these עֲבֵירוֹת are punishable by מַלְקוּת. He will therefore get two sets of מַלְקוּת.

- In a case where both עֲבֵירוֹת oblige him to pay, he must obviously pay both sums.

  Chaim borrows Mendel's truck. Unfortunately, he drives into Mr. Brand's car. He must pay for the damage caused to both vehicles.

ADDITIONAL POINTS

(a) The Divine punishments of כָּרֵת and מִיתָה בִּידֵי שָׁמַיִם do not exempt a person from other punishments.

Machlon, who drank blood,[14] an עֲבֵירָה which carries כָּרֵת and מַלְקוּת, is liable to both punishments. Boaz, a זָר who ate תְּרוּמָה, is liable to

---

12 רמב"ם הל' סנהדרין פי"ד הל' ד'. והדין הוא כך אפילו אם הוא עבר שתי עבירות זו אחר זו ואפילו אם נגמר דינו לקלה ואחר כך עבר על החמורה ונגמר דינו.

13 מכות כא: עי' רמב"ם הל' סנהדרין פי"ז הל' ד'.

14 עי' רמב"ם הל' מאכלות אסורות פ"ו הל' ג' ד' דאינו חייב כרת אלא על דם הנפש.

two punishments, מִיתָה בִּידֵי שָׁמַיִם *and* מַלְקוּת.[15]

(b) Someone who commits several עֲבֵירוֹת simultaneously בְּשׁוֹגֵג must bring a קָרְבָּן חַטָּאת for each עֲבֵירָה.[16]

(See 2.10 for which מִצְוֹת לֹא תַעֲשֶׂה one brings a קָרְבָּן חַטָּאת.)

Zimri slaughtered a קָרְבָּן *outside the* בֵּית הַמִּקְדָּשׁ *on* שַׁבָּת. *As both* עֲבֵירוֹת *were done* בְּשׁוֹגֵג, *he brings two* חַטָּאוֹת.

רוֹדֵף — A PURSUER

A רוֹדֵף who is pursuing his victim may be killed (see vol. II, 3.5) since he is considered a potential murderer. If he causes any damage while he is pursuing his victim, he is פָּטוּר from payment.[17]

15 רמב"ם הל' סנהדרין פי"ט הל' ב'.

16 רמב"ם הל' שגגות פ"ד הל' א'.

17 רמב"ם הל' חובל ומזיק פ"ח הל' י"ב.

2.10

קָרְבָּנוֹת

Offerings Brought for Transgressing מִצְוֹת

FOR COMMITTING CERTAIN עֲבֵירוֹת one must bring a קָרְבָּן. This varies according to the עֲבֵירָה and how it was transgressed.

1. קָרְבָּן חַטָּאת – A SIN OFFERING

This קָרְבָּן is brought for transgressing בְּשׁוֹגֵג a מִצְוַת לֹא תַעֲשֶׂה[1] that is punishable by כָּרֵת if done בְּמֵזִיד.[2]

(*Note*: This includes מִצְוֹת לֹא תַעֲשֶׂה which are also punishable by מִיתַת בֵּית דִּין such as חִילּוּל שַׁבָּת – see 2.6.[3])

2. קָרְבָּן אָשָׁם תָּלוּי – A GUILT OFFERING IN CASE OF DOUBT

This קָרְבָּן is brought in certain cases[4] if one is in doubt as to whether he

---

1 עי' ויקרא ד:כז-לה פרטי חטאת.

2 רמב"ם הל' שגגות פ"א הל' א'. עי"ש הל' ב' דמגדף אע"פ דהוא לאו שיש בו כרת אינו מביא חטאת לפי שאין בו מעשה. ועל מצות ל"ת שיש בו מיתה בידי שמים אינו מביא חטאת. ועי"ש פי"ב הל' א' דאם הבית דין הגדול שגגו בהוראה ושגגו העם בהוראתן מביאים פר העלם דבר של ציבור והעושה על פי הוראתן אינו מביא קרבן חטאת.

3 רמב"ם הל' שגגות פ"א הל' ד'.

4 עי' ויקרא ה:יז-יט פרטי אשם תלוי.

transgressed[5] a מִצְוַת לֹא תַעֲשֶׂה that is punishable by כָּרֵת.[6]

Elimelech has two pieces of fat. One is permitted שׁוּמָן, and one is forbidden חֵלֶב.[7] He eats one piece but is unsure which one. He must bring a קָרְבָּן אָשָׁם תָּלוּי.

If, at a later stage, it becomes clear that he indeed transgressed, e.g., he discovered that what he ate was חֵלֶב, he must then bring a קָרְבָּן חַטָּאת, even though he has already brought an אָשָׁם תָּלוּי.[8]

3. קָרְבָּן אָשָׁם וַדַּאי – A DEFINITE GUILT OFFERING

This קָרְבָּן[9] could be an:[10] (a) אֲשַׁם מְעִילוֹת – for בְּשׁוֹגֵג misusing הֶקְדֵּשׁ; (b) אֲשַׁם שִׁפְחָה חֲרוּפָה – for committing זְנוּת with a שִׁפְחָה חֲרוּפָה, whether בְּשׁוֹגֵג or בְּמֵזִיד;[11] or (c) אֲשַׁם גְּזֵלוֹת – for making a false שְׁבוּעַת הַפִּקָּדוֹן, whether בְּשׁוֹגֵג or בְּמֵזִיד.

(For an explanation of שִׁפְחָה חֲרוּפָה, see vol. II, 8.6; for שְׁבוּעַת הַפִּקָּדוֹן, see 5.6.)

4. קָרְבָּן עוֹלֶה וְיוֹרֵד – A VARIABLE OFFERING

This קָרְבָּן[12] is brought for:[13] (a) making a false שְׁבוּעַת בִּטּוּי, if done בְּשׁוֹגֵג;

5 עי' רע"ב כריתות פ"ד מ"א דאם עבר במזיד על ספק איסור פטור מאשם תלוי. ועי' שיטה מקובצת כתובות כב: מחלוקת בין שיטה ישנה ותלמידי ה"ר יונה.

6 רמב"ם הל' שגגות פ"ח הל' א'.

7 עי' רמב"ם הל' שגגות פ"ח הל' ב' דהיינו כשהיתה לפניו חתיכת חלב וחתיכת שומן ואכל אחת מהן.

8 רמב"ם הל' שגגות פ"ח הל' א'.

9 עי' ויקרא ה:יד-טז פרטי אשם ודאי.

10 רמב"ם הל' שגגות פ"ט. והיינו הבא על שפחה חרופה ושבועת הפקדון ומעילה וטומאת נזיר ומצורע כשיטהר.

11 עי' רמב"ם הל' אישות פ"ד הל' י"ז דשפחה חרופה היא מי שחציה שפחה וחציה בת חורין שקידשה עבד עברי.

12 עי' ויקרא ה:א-יג דהיינו מן הצאן ואם אין ידו משגת מביא שתי תורים או שני בני יונה ואם אין ידו משגת לזה מביא עשירית האיפה סלת.

13 רמב"ם הל' שגגות פ"י הל' א'. ששה מצותן שיקריבו קרבן עולה ויורד המצורע והיולדת והנשבע שבועת העדות והנשבע שבועת ביטוי לשקר הטמא שאכל קדש בשגגה והטמא שנכנס למקדש בשגגה.

(b) making a false שְׁבוּעַת הָעֵדוּת, whether בְּשׁוֹגֵג or בְּמֵזִיד; or (c) entering the בֵּית הַמִּקְדָּשׁ (or eating קָדָשִׁים) in a state of טוּמְאָה, if done בְּשׁוֹגֵג.

(For details of שְׁבוּעַת בִּטּוּי, see 5.7; for שְׁבוּעַת הָעֵדוּת, see 5.5.)

5. קָרְבָּן עוֹלָה – A BURNT OFFERING

A person brings a קָרְבָּן עוֹלָה[14] if he transgresses a לָאו שֶׁנִּיתָּק לַעֲשֵׂה (2.5).[15]

Note:

- □ In addition, a person who was obligated to fulfill a מִצְוַת עֲשֵׂה and refrained from doing so should bring a קָרְבָּן עוֹלָה.[16]
- □ When bringing a קָרְבָּן for an עֲבֵירָה, one recites וִידּוּי while doing סְמִיכָה on the animal.[17]

14 עי' ויקרא א:ג-יג פרטי עולה.

15 רמב"ם הל' מעשה הקרבנות פ"ג הל' י"ד.

16 רמב"ם הל' מעשה הקרבנות פ"ג הל' י"ד. עי' לב חיים (לרבי חיים פלאג'י) או"ח ח"א סי' ל"ד דחייב להביא עולה בין אם ביטל העשה בשוגג ובין אם ביטל במזיד.

17 רמב"ם הל' מעשה קרבנות פ"ג הל' י"ד. ועי' משך חכמה ויקרא א:ד.

2.11

תְּשׁוּבָה
Repentance for Transgressing מִצְוֹת

A PERSON WHO COMMITS AN עֲבֵירָה must do תְּשׁוּבָה,[1] through which he will receive כַּפָּרָה (atonement). The essential parts of תְּשׁוּבָה are: (a) עֲזִיבַת הַחֵטְא (ceasing to sin); (b) חֲרָטָה (regret); and (c) וִידּוּי (confession).[2]

(*Note:* In addition to the תְּשׁוּבָה mentioned above, in the case of עֲבֵירוֹת שֶׁבֵּין אָדָם לַחֲבֵירוֹ – transgressions between man and his fellow, for example, (a) insulting another person or (b) speaking לָשׁוֹן הָרָע about him, the wrongdoer must appease his fellow[3] and ask for מְחִילָה. If financial loss has been caused, compensation must be paid.[4])

If a person does proper תְּשׁוּבָה, he will not receive the Divine punishments of כָּרֵת or מִיתָה בִּידֵי שָׁמַיִם.[5]

---

1 עי' שערי תשובה לרבינו יונה ריש שער א' והוזהרנו על התשובה בכמה מקומות בתורה.

2 רמב"ם הל' תשובה פ"ב הל' ב', שערי תשובה לרבינו יונה שער א' אות י"ט. עי' שערי תשובה לרבינו יונה שער א' דמבאר כ' עקרי תשובה.

3 עי' ספר חפץ חיים הל' לשה"ר כלל ד' סעי' י"ב דאפילו אם חברו אינו יודע עדין כלל מזה צריך לגלות לו מה שעשה נגדו שלא כדין. ואומרים בשם מוהר"י סלאנטער ז"ל שאם הוא יגרום צער לחבירו עי"ז לא יגלה לו. עי' ב 'דוגמא מדרכי אבי' לר' ליב בנו של הח"ח עמ' קי"א.

4 רמב"ם הל' תשובה פ"ב הל' ט'. עי' שערי תשובה לרבינו יונה שער א' העיקר הששה עשר.

5 רמב"ם הל' סנהדרין פי"ז הל' ז'. עי' פירוש המשניות להרמב"ם מכות רפ"ג כי המלקות עם התשובה יכפר כרת ומיתה בידי שמים. ועי' ערוך לנר מכות יג: ד"ה ב"ד של מעלה דהביא שיטת בעל המאור והרמב"ן דמלקות לבד פוטר מכרת גם בלא תשובה וגם תשובה לבד מכפרת כרת בלא מלקות.

However, doing תְּשׁוּבָה does not free the transgressor from מִיתַת בֵּית דִּין or מַלְקוּת.[6] In fact, when the punishment is given, the transgressor is instructed to do תְּשׁוּבָה, as his כַּפָּרָה is not complete without it.[7]

Similarly, when a transgressor brings a קָרְבָּן, his כַּפָּרָה is not complete unless he does תְּשׁוּבָה.[8] He recites וִידּוּי while doing סְמִיכָה on the animal just before it is slaughtered.[9]

6 רמב"ם הל' תשובה פ"א הל' א'. עי' פרי מגדים או"ח פתיחה כללית חלק שלישי אות י"ט דתשובה אינה מועילה למכת מרדות.

7 רמב"ם הל' תשובה פ"א הל' א' והל' סנהדרין פי"ג הל' א'.

8 רמב"ם הל' תשובה פ"א הל' א'.

9 רמב"ם הל' מעשה הקרבנות פ"ג הל' י"ד.

SECTION THREE

Laws of בָּתֵּי דִינִין and עֵדוּת

3.1 בָּתֵּי דִינִין – The Different Types of Jewish Courts and Their Functions

3.2 דַּיָּינִים – The Qualifications Required of a Judge

3.3 עֵדוּת – Testimony

3.4 The Number of Witnesses Required for Testimony

3.5 A Witness's Obligation to Testify

3.6 דְּרִישַׁת וַחֲקִירַת הָעֵדִים – Examination of the Witnesses

3.7 The Procedure of Accepting Testimony

3.8 עֵדוּת מוּכְחֶשֶׁת – Contradictory Testimony

3.9 עֵדִים זוֹמְמִין – Witnesses Who Are Proven False

3.10 הַתְרָאָה – Warning

3.1

בָּתֵּי דִּינִין

The Different Types of Jewish Courts and Their Functions

RESOLVING FINANCIAL DISPUTES, JUDGMENT of people who have committed עֲבֵירוֹת, and overseeing certain procedures is done by בֵּית דִּין (Jewish court).

In the time of the בֵּית הַמִּקְדָּשׁ there were three different types of בָּתֵּי דִּינִין:[1] (1) a regular בֵּית דִּין; (2) a סַנְהֶדְרִין קְטַנָּה; and (3) the סַנְהֶדְרִין גְּדוֹלָה.

1. בֵּית דִּין – A COURT OF THREE JUDGES

A town with a population of less than 120 men has a regular בֵּית דִּין of three דַּיָּנִים,[2] who will:[3]

- Judge דִּינֵי מָמוֹנוֹת and דִּינֵי קְנָסוֹת (see vol. II, 5.8).

---

1 רמב"ם הל' סנהדרין פ"א הל' ג' ד'. עי' רמב"ם הל' סנהדרין פ"ה הל' ה' ז' דיש עוד ב"ד של ה' או ז' דיינים.

2 עי' רמב"ם הל' סנהדרין פ"ב הל' י"ג דאע"פ שבית דין של שלשה בית דין שלם הוא כל זמן שהם רבים הרי זה משובח.

3 רמב"ם הל' סנהדרין פ"ה הל' ד', ו', ח'. עי' ערוה"ש חו"מ סי' א' סעי' א' דמקבלין גרים וכן מזדקקין לכוף לגרושין במקום שעל פי דין התורה כופין לגרש.

- Judge חַיָּבֵי מַלְקוּת.[4] (See 2.4.)
- Conduct חֲלִיצָה.[5] (See 7.8.)
- Accept גֵּרִים into כְּלַל יִשְׂרָאֵל.

2. סַנְהֶדְרִין קְטַנָּה – A COURT OF TWENTY-THREE JUDGES

A town[6] with a population of 120 men or more requires a סַנְהֶדְרִין קְטַנָּה consisting of twenty-three דַּיָּינִים. In addition to the above, they will:[7]

- Judge דִּינֵי נְפָשׁוֹת (cases involving מִיתַת בֵּית דִּין). (See 2.3.)

3. סַנְהֶדְרִין גְּדוֹלָה – THE COURT OF SEVENTY-ONE JUDGES

There is one סַנְהֶדְרִין גְּדוֹלָה (also known as בֵּית דִּין הַגָּדוֹל), consisting of seventy-one דַּיָּינִים whose seat is in the בֵּית הַמִּקְדָּשׁ.[8] This is the highest judicial authority and, in addition to all of the above, they will:[9]

- Judge a שֵׁבֶט which worshipped עֲבוֹדָה זָרָה; a נְבִיא הַשֶּׁקֶר; a כֹּהֵן גָּדוֹל;[10] a זָקֵן מַמְרֵא; and אַנְשֵׁי עִיר הַנִּדַּחַת.
- Appoint a new king.

4 עי׳ פי׳ הרי״פ לרס״ג ח״ג עונש ע׳ (צד-ב) דאע״ג דסגי בשלשה מ״מ הנך שלשה בעינן שיהיו מן הסנהדרין.

5 רמב״ם הל׳ יבום וחליצה פ״ד הל׳ ה׳, שו״ע אה״ע סי׳ קס״ט סעי׳ א׳ ג׳. ומצותה בחמשה כדי לפרסם הדבר.

6 עי׳ רמב״ם הל׳ סנהדרין פ״א הל׳ ג׳ דהיינו בעיר מישראל. ועוד מעמידין ב׳ בתי דינין של כ״ג אחד על פתח העזרה ואחד על פתח הר הבית.

עי׳ רש״י דברים טז:יח דעוד יש סנהדרין קטנה לכל שבט ושבט. ועי״ש ברמב״ן דאם יש עיר אחת לשתי שבטים מושיבים בה שני בתי דינים אי נמי דיהא ב״ד אחד ממונה על כל שבט שהגדולים בחכמה יתמנו בו שיכול לכוף כל אנשי שבטו לדון לפניו ואם הוצרכו לתקן ולגזור דבר על שבט שלהם גוזרים ומתקנין.

7 רמב״ם הל׳ סנהדרין פ״ה הל׳ ב׳ ג׳.

8 עי׳ רמב״ם הל׳ סנהדרין פי״ד הל׳ י״ב י״ג דהבית דין הגדול גלה לחוץ לבית המקדש וירושלים וכשלא היו במקדש בטלו דיני נפשות. ועי׳ הלכות ממרים פ״א הל׳ א׳ דבית דין הגדול שבירושלים הם עיקר תורה שבעל פה והם עמוד ההוראה ומהם חוק ומשפט יוצא לכל ישראל.

9 רמב״ם הל׳ סנהדרין פ״ה הל׳ א׳.

10 עי׳ רמב״ם הל׳ סנהדרין פ״ה הל׳ א׳ ופי״ז הל׳ ח׳ דדוקא בדיני נפשות בעינן ע״א אבל דיני ממנות ודיני מלקות של כה״ג בשלשה.

3.1 ◇ עדות AND בית דין

- □ Appoint a new סַנְהֶדְרִין קְטַנָּה.
- □ Conduct the procedure of a סוֹטָה. (See 7.10.)
- □ Add on to the areas of the בֵּית הַמִּקְדָּשׁ and יְרוּשָׁלַיִם.
- □ Decide whether כְּלַל יִשְׂרָאֵל should go to war for a מִלְחֶמֶת רְשׁוּת.

(*Note*: Nowadays the only acting בֵּית דִין is a basic one of three דַּיָּינִים. It does not have the complete power that בֵּית דִין had at the time of the בֵּית הַמִּקְדָּשׁ and may only judge certain types of cases – see 3.2.)

The following functions are performed by a panel of דַּיָּינִים from the סַנְהֶדְרִין גְּדוֹלָה:

עֶגְלָה עֲרוּפָה – Measuring the distance between a murdered person and the surrounding towns for the purpose of bringing the עֶגְלָה עֲרוּפָה. This is done by five דַּיָּינִים.[11] (For more details, refer to vol. II, 3.4.)

עִיבּוּר הַחֹדֶשׁ – Determining the date of רֹאשׁ חֹדֶשׁ which is done by three[12] דַּיָּינִים.[13]

עִיבּוּר הַשָּׁנָה – The decision to add another month to the year which is made by seven דַּיָּינִים.[14]

Note:

- □ It is strictly forbidden to turn to a non-Jewish court to solve a dispute with another Jew, even if both parties agree to it.[15]
- □ The judgment of people who have committed עֲבֵירוֹת is based on the עֵדוּת of two עֵדִים. Financial disputes are resolved by the דַּיָּינִים after listening to the arguments of the בַּעֲלֵי דִינִים and the testimony of עֵדִים.[16]

11 רמב"ם הל' רוצח ושמירת הנפש פ"ט הל' א' והל' סנהדרין פ"ה הל' ה'. עי' מנחת חינוך מצוה תק"ל אות ב' דהמדידה עצמה אינה צריכה להעשות ע"י דייני סנהדרין גדולה.

12 רמב"ם הל' סנהדרין פ"ה הל' ו'.

13 ספר החינוך מצוה ד' כלומר חכמים גדולים שבישראל כגון בית דין הגדול. עי' סה"מ להרמב"ם מ"ע קנ"ג דמצוה זו לא יעשה אותה לעולם זולת בית דין הגדול לבד.

14 רמב"ם הל' סנהדרין פ"ה הל' ז' והל' קדוש החדש פ"ד הל' ט' י'.

15 רמב"ם הל' סנהדרין פכ"ו הל' ז', שו"ע חו"מ סי' כ"ו סעי' א'.

16 עי' מאירי שבועות רפ"ו דהדיין צריך לחקור תחלה הבעלי דין אם יכול להבחין האמת מתוך דבריהם עד שלא יצטרך לעדות.

3.2

דַּיָּנִים

The Qualifications Required of a Judge

In order for someone to qualify as a דַּיָּן (judge) on a בֵּית דִּין, he must be an adult[1] male.[2] He must be outstanding in knowledge of תּוֹרָה and performance of מִצְוֹת, of sterling character and have an excellent reputation.[3]

סְמִיכָה – Furthermore, he must have received סְמִיכָה, an authorization to judge, from another דַּיָּן,[4] who himself has received סְמִיכָה from another דַּיָּן in an unbroken chain going back to מֹשֶׁה רַבֵּינוּ.[5] He is given the title of רַבִּי and is informed that from now on he is סָמוּךְ and has permission to serve as a דַּיָּן, even for דִּינֵי קְנָסוֹת.[6]

---

1 שו"ע חו"מ סי' ז' סעי' ג'.

2 שו"ע חו"מ סי' ז' סעי' ד'. עי"ש פתחי תשובה ס"ק ה'. עי' רמב"ם הל' סנהדרין פ"ב הל' ט' ושו"ע שם סעי' א' דגר הרי זה פסול עד שתהיה אמו מישראל.

3 רמב"ם הל' סנהדרין פ"ב הל' ז'. אף על פי שאין מדקדקין בהן בכל אלו הדברים צריך שיהיה בכל אחד מהן שבעה דברים ואלו הן חכמה ויראה וענוה ושנאת ממון ואהבת האמת ואהבת הבריות להן ובעלי שם טוב.

4 עי' רמב"ם הל' סנהדרין פ"ד הל' ו' דאפשר לסמוך אע"פ שאין הנסמך והסומכין במקום אחד.

5 רמב"ם הל' סנהדרין פ"ד הל' א'. עי"ש הל' י"א נראין לי הדברים שאם הסכימו כל החכמים שבארץ ישראל למנות דיינים ולסמוך אותם הרי אלו סומכים כו'.

6 רמב"ם הל' סנהדרין פ"ד הל' ב'.

עדות AND בית דין ◇ 3.2

דַּיָּנִים who are not סְמוּכִים can serve only on a regular בֵּית דִּין and have restricted powers. They may judge cases of דִּינֵי מָמוֹנוֹת relating to loans, inheritance, נְזִיקִין,[7] and כְּתוּבַּת אִשָּׁה,[8] but not those relating to חֲבָלוֹת[9] and קְנָסוֹת.[10]

Today's דַּיָּנִים have no authentic סְמִיכָה.[11] (The term סְמִיכָה used nowadays is a borrowed expression.)

Those דַּיָּנִים serving on the סַנְהֶדְרִין קְטַנָּה and סַנְהֶדְרִין גְּדוֹלָה must have an even greater knowledge in תּוֹרָה and also be knowledgeable in other fields as well, such as medicine.[12] Furthermore, they must be מְיוּחָסִין (of unquestionable lineage),[13] of good appearance, and have no מוּם (physical blemish).[14]

(A דַּיָּין who is related to one of the עֵדִים, בַּעֲלֵי דִינִים, or other דַּיָּנִים cannot serve as a דַּיָּין in that particular case.[15] See 4.4 regarding which relationships disqualify a person from serving as a דַּיָּין.)

7 עי' רמב"ם הל' סנהדרין פ"ה הל' ט' דאין דנין כגון בהמה שחבלה בחברתה. ועי"ש הל' י"א דה"ה דאין גובין נזקי בהמה שהזיקה את האדם.

8 עי' תוס' סנהדרין ג. ד"ה שלא תנעול מיהו כתובת אשה וירושות ומתנות ונזקי שור בשור הוי בכלל הודאות והלואות.

9 עי' רמב"ם הל' סנהדרין פ"ה הל' י' ושו"ע חו"מ סי' א סעי' ב' דבזמן הזה רק גובין שבת וריפוי. ועי"ש ברמ"א י"א שאפילו שבת וריפוי אין דנין רק כופין את החובל לפייס להנחבל כפי ערך הנראה לדיינים.

10 רמב"ם הל' סנהדרין פ"ה הל' ח'. וה"ה דאין דנים דיני גזילות. עי' תוס' ב"ק פד: ד"ה אי נמי וי"מ דדוקא גזילות שע"י חבלות כו' ומעשים בכל יום שאנו דנין דיני גזילות.

11 עי' סמ"ע חו"מ סי' א' ס"ק ג' וערוה"ש שם סעי' א'. ועי"ש דעבדינן שליחותייהו בכגון קבלת גרים וכן מזדקקין לכוף לגרושין במקום שעל פי דין התורה כופין לגרש.

12 רמב"ם הל' סנהדרין פ"ב הל' א'. אנשים חכמים ונבונים מופלגין בחכמת התורה בעלי דעה מרובה יודעים קצת משאר חכמות וכו'.

13 רמב"ם הל' סנהדרין פ"ב הל' א'. אין מעמידין בסנהדרין אלא כהנים לויים וישראלים מיוחסים הראויין להשיא לכהונה.

14 רמב"ם הל' סנהדרין פ"ב הל' ו'. עי"ש דסומא פסול לדון אפילו בבית דין של שלשה.

15 שו"ע חו"מ סי' ז' סעי' ט'. עי' ערוה"ש שם סעי' י"ח.

3.3

עֵדוּת

Testimony

GENERALLY, IN ORDER TO establish the truth, the תּוֹרָה requires two עֵדִים who have witnessed the incident to testify in front of בֵּית דִּין.[1] This applies in the following cases:

(1) דִּינֵי מָמוֹנוֹת.[2]

(2) דִּינֵי קְנָסוֹת.

(3) דִּינֵי נְפָשׁוֹת.[3]

(4) דִּינֵי מַלְקוּת.[4]

(5) קִדּוּשׁ הַחֹדֶשׁ.[5]

(6) To establish a person's halachic status.[6]

---

1 עי' גליון הש"ס מכות ה. הוא בעצמו שיודע האמת בר חיובא הוא ומוטל עליו לשלם משא"כ בקנס וכו' וכן בדיני נפשות דבמה שיודע האמת שהרג לאו בר קטלא וכו'. עי' רמב"ם הל' גניבה פ"ב הל' ט"ו מה הנ"מ בין קודם גמר דין ובין לאחר גמר דין.

2 רמב"ם הל' עדות פ"ה הל' א' והל' נזקי ממון פ"ח הל' י"ג. עי' מאירי שבועות רפ"ו דהדיין צריך לחקור תחלה הבעלי דין אם יכול להבחין האמת מתוך דבריהם עד שלא יצטרך לעדות.

3 רמב"ם הל' סנהדרין פ"כ הל' א' והל' עדות פ"ה הל' א'.

4 רמב"ם הל' סנהדרין פט"ז הל' ד' ו'.

5 רמב"ם הל' קידוש החודש פ"ב הל' א'.

6 כגון להעיד על אדם שהוא פסול לעדות עי' רמב"ם הל' עדות פי"ב הל' א' ושו"ע חו"מ סי' ל"ד סעי' כ"ח. להעיד על אשה שהיא אשת איש עי' שו"ע אה"ע סי' קנ"ב סעי' ז'. להעיד על אשת איש שהיא זנתה ואסורה לבעלה עי' רמב"ם הל' אישות פכ"ד הל' י"ח ושו"ע אה"ע סי' קע"ח סעי' י"ח.

(For דִינֵי קְנָסוֹת see vol. II, 5.8; for דִינֵי נְפָשׁוֹת see 2.3; for דִינֵי מַלְקוּת see 2.4. See 3.4 for the cases that require only one עֵד.)

עֵדֵי קִיּוּם – There is another type of עֵדִים called עֵדֵי קִיּוּם (validating witnesses) who are not there to clarify but rather to validate the proceedings.

(1) קִדּוּשִׁין – A man is מְקַדֵּשׁ a woman in front of two עֵדִים.[7]

(2) גִּיטִּין – A man divorces his wife in front of two עֵדִים.[8]

Without the presence of these עֵדִים, the marriage or divorce has no validity, even if the man and woman involved both agree that it took place.[9] These עֵדִים do not testify before בֵּית דִין. (See also 4.5, 7.2 and 7.5.)

(According to some opinions, עֵדִים do not need to witness the actual giving of the גֵּט, provided the גֵּט was signed by two עֵדִים.[10])

7 רמב"ם הל' אישות פ"ג הל' א' ג' ה' ופ"ד הל' ו', שו"ע אה"ע סי' כ"ז סעי' א' וסי' ל"ב סעי' א' וסי' ל"ג סעי' א' וסי' מ"ב סעי' ב'.

8 רמב"ם הל' גיטין פ"א הל' י"ג, שו"ע אה"ע סי' קל"ג סעי' א'.

9 בענין עדי נישואין עי' שו"ת אבני נזר סי' שצ"ה דאינם מעכבים ועי' אבני מילואים סי' ל"ח ס"ק י"ז דמעכבים. בענין עדי חליצה עי' רמב"ם הל' יבום וחליצה פ"ד הל' ט"ז דאם חלצה בינו לבינה הרי זו חליצה פסולה. ועי' חידושי רבנו חיים הלוי שם.

10 רמב"ם הל' גיטין פ"א הל' ט"ז, שו"ע אה"ע סי' קל"ג סעי' א'. עי' ערוה"ש אה"ע סי' קל"ג סעי' ו' ז'.

3.4

The Number of Witnesses Required for Testimony

GENERALLY, IN ORDER TO establish the true facts, the תּוֹרָה requires two עֵדִים[1] to testify about an incident in front of בֵּית דִּין (see 3.3).

MORE THAN TWO עֵדִים

Additional עֵדִים כְּשֵׁרִים may join the two עֵדִים to testify as well.

However, when there are more than two עֵדִים, the higher number of עֵדִים is not considered stronger proof that the עֵדוּת is true. Therefore, in a case in which a large group of עֵדִים and a smaller group contradict each other, the עֵדוּת of the larger group carries no extra weight.[2]

Mr. Greenbaum's car is badly scratched. Two עֵדִים testify before בֵּית דִּין that Zelig caused the damage. On the following day, a group of five עֵדִים testify that Shragi is the culprit. Since the two sets of עֵדִים contradict each other, the בֵּית דִּין cannot force Zelig or Shragi to pay, even though the second group consists of a larger number of עֵדִים.

---

1 עי' שו"ע חו"מ סי' כ"ח סעי' א' רמ"א דעד אחד לא יעיד אם אין תועלת בעדותו דאינו אלא כמוציא שם רע על חבירו.

2 רמב"ם הל' עדות פי"ח הל' ג'. עי' שו"ע אה"ע סי' י"ז סעי' מ' דבעדות אשה אם אמרו י' נשים לא מת וי"א אומרות מת ה"ז תנשא שאין אומרים שנים כמאה אלא בעדים כשרים.

A SINGLE עֵד

The עֵדוּת of a single עֵד is valid in the following cases:[3]

(1) שְׁבוּעַת עֵד אֶחָד – To impose an oath (see 5.3).

(2) טוּמְאַת סוֹטָה – With regard to a woman suspected of committing זְנוּת (see 7.10).

(3) עֶגְלָה עֲרוּפָה – To identify a murderer (see vol. II, 3.4).

(4) עֵדוּת אִשָּׁה – To permit an עֲגוּנָה to remarry (see 7.6).[4]

עֵד אֶחָד נֶאֱמָן בְּאִסּוּרִין – Furthermore, one person is relied upon to confirm[5] whether an item is permissible or forbidden,[6] for example, to verify the כַּשְׁרוּת of food, or whether an object or person is טָהוֹר or טָמֵא.[7]

This דִּין differs from regular עֵדוּת in that:[8] (a) a relative or בַּעַל דָּבָר can be relied upon – thus a shopkeeper can testify about his own products;[9] (b) a woman[10] or a פָּסוּל לְעֵדוּת בַּעֲבֵירָה[11] is believed; (c) this confirmation does not need to be made

3 רמב"ם הל' עדות פ"ה הל' א' ב'. עי' הל' קדוש החדש פ"ג הל' י"ד דאפילו אחד שאמר אני שמעתי מבית דין שקדשו את החודש ביום פלוני נאמן ומתקנין את המועדות על פיו. עי' קובץ שיעורים חלק ב' סי' ה' דהביא דעת הר"ן דבאבידה עד אחד נאמן לומר שהיא שייכת לפלוני מפני שאין מוחזק. עי' רמב"ם הל' גירושין פ"ז הל' ה' ושו"ע אה"ע סי' קמ"ב סעי' א' דשליח המביא גט בחו"ל נאמן להעיד על כשרותו של גט באמירת בפני נכתב ובפני נחתם אע"פ שהוא רק עד אחד.

4 עי' משנה למלך הל' גירושין פי"ב הל' ט"ו האם נאמנות ע"א באשה מן התורה או מדרבנן.

5 ע' ש"ך יו"ד סי' קכ"ז ס"ק כ"ג דאפילו היכא דלא איתחזק לא איסור ולא היתר אסור מספק בלא העד.

6 רמב"ם הל' עדות פי"א הל' ז', שו"ע יו"ד סי' קכ"ז סע' ג'. ועי' הל' סנהדרין פט"ז הל' ו'.

7 רמב"ם הל' טומאת משכב ומושב פי"ג הל' ג' ח'.

8 עי' ט"ז יו"ד סי' צ"ח ס"ק ב' דבאיסור והיתר לא בעינן עדות גמורה אלא באם יש לנו הוכחה סגי. ועי' נודע ביהודה מהדו"ת חו"מ סי' ד' עד אחד נאמן באיסורין לאו מתורת עדות הוא וכו'.

9 רמב"ם הל' עדות פי"א הל' ז', שו"ע יו"ד סי' קכ"ז סעי' ג'.

10 שו"ע יו"ד סי' קכ"ז סעי' ג' ברמ"א. עי"ש דיש דברים שהיא לא נאמנת עליהם. ועי"ש דקטן אינו נאמן. עי' שו"ע יו"ד סי' קי"ט מה דינו של החשוד לדבר איסור.

11 רמב"ם הל' עדות פי"א הל' ז'. ובענין נאמנות של עכו"ם באיסורין עי' ש"ך וט"ז יו"ד סי' צ"ח ס"ק ב' ובפרי חדש שם.

in front of a בֵּית דִּין;[12] (d) it may be made at night; and (e) it can be delivered in writing.[13]

> Mr. Metzger, a butcher, kashers the meat he sells by himself. His customers rely on him to indicate which meat is already kashered and which is not. Although he testifies about his own products, he is believed.

---

12 נתיבות המשפט סי' כ"ח ס"ק ז'.

13 מאירי יבמות פח,, מנחת חינוך מצוה ל"ז אות ב'. ובענין אי עד אחד נאמן עד מפי עד עי' שדי חמד חלק ה' דף קי"ב. ע' חכמת אדם כלל ע' סעי' א' דאם נדפס על הגבינות כשר בזמה"ז צריך לחוש בדבר אם לא שיש כתב הכשר מאדם מפורסם אע"פ שאינו מכיר חתימת ידו.

3.5

A Witness's Obligation to Testify

IN THE FOLLOWING CIRCUMSTANCES, a person who witnessed an incident is obligated[1] to testify about it before בֵּית דִּין:[2]

1. דִּינֵי נְפָשׁוֹת AND דִּינֵי מַלְקוּת

To testify that a person intentionally committed an עֲבֵירָה which carries a punishment of מַלְקוּת or מִיתַת בֵּית דִּין.[3]

> *Several people are waiting at the entrance to בֵּית דִּין. Two of them approach the דַיָּינִים and claim to have seen Uriah eating non-kosher meat. Although no one summoned them to the בֵּית דִּין, the דַיָּינִים assure them that it was indeed their obligation to testify in order to punish Uriah with מַלְקוּת...*

1 עי' תוס' ב"ק נו. ד"ה פשיטא דדוקא בב"ד כשאומרים אין אנו יודעים להעיד עוברים על אם לא יגיד ונשא עונו. עי' סה"מ להרמב"ם ל"ת רצ"ז בשם הספרא דהכובש עדותו בממון עובר ג"כ על לא תעמוד על דם רעך. עי' פתחי תשובה חו"מ סי' כ"ח ס"ק ד' דהביא תשובות משכנות יעקב דגם יש בזה משום השבת אבידה.

2 רמב"ם הל' עדות פ"א הל' א'. העד מצווה להעיד בכל עדות שיודע כו' שנאמר והוא עד או ראה או ידע אם לא יגיד ונשא עונו. עי' ספר החינוך מצוה קכ"ב וסה"מ להרמב"ם מ"ע קע"ח וכסף משנה הל' עדות פ"א הל' א' דאם לא יגיד ונשא עונו נאמר בין בעדות שבממון בין בשאר עדיות.

3 רמב"ם הל' עדות פ"א הל' א' ב'. עי' רא"ש מכות פ"א סי' י"א דכל הרואה דבר ערוה מחוייב להעיד לקיים מה שנאמר ובערת הרע מקרבך. ועי' ספר החינוך מצוה קכ"ב.

2. לְהַפְרִישׁוֹ מֵאִסּוּר

To prevent someone from committing an עֲבֵירָה. This includes:

(a) If a בֵּית דִּין is about to permit an עֲגוּנָה (see 7.6) to remarry, anyone who knows that her husband is still alive must inform the בֵּית דִּין.[4]

> *...Avner disappeared, and his wife claims that she knows definitely that he is no longer alive. The בֵּית דִּין investigates the matter and is about to permit her to remarry. Chanoch claims that a few days earlier he saw Avner alive and thus his wife is still an אֵשֶׁת אִישׁ. The בֵּית דִּין praises him for acting correctly in coming forward...*

(b) עֵדִים who saw an אֵשֶׁת אִישׁ committing זְנוּת (and therefore her husband may no longer live with her) are obligated to testify before בֵּית דִּין.[5]

3. עֵדוּת הַחֹדֶשׁ

An עֵד who saw the new moon must testify before בֵּית דִּין, in order that the בֵּית דִּין can be מְקַדֵּשׁ הַחֹדֶשׁ.[6]

> *...Zevulun, a busy storekeeper, relates that he saw the new moon. Since it is difficult for him to get away from his business, he asks the דַּיָּנִים if he must go all the way to יְרוּשָׁלַיִם to testify, particularly as he is a single עֵד and will be of no use for קִידּוּשׁ הַחֹדֶשׁ. They insist that he go, since there might be another עֵד from somewhere else who also saw the new moon and their joint עֵדוּת will be accepted by the בֵּית דִּין in יְרוּשָׁלַיִם...*

---

4 סמ"ע חו"מ סי' כ"ח ס"ק כ"ח.

5 ואפילו אם היא לא נענשת כגון בלא התראה או בזמן הזה. עי' רמ"א חו"מ סי' כ"ח סעי' א' דעד אחד יעיד לאפרושי מאיסורא. ועי' פתחי תשובה שם ס"ק ז' שהביא שו"ת נודע ביהודה או"ח סי' ל"ה דעד אחד חייב להגיד לבעל שראה שאשתו זינתה אפילו אם יש ספק אם יאמינו דבריו.

6 עי' רמב"ם הל' קדוש החדש פ"ב הל' ז' ותוס' סנהדרין יח: ד"ה מעיד.

4. דִּינֵי מָמוֹנוֹת

Two עֵדִים who have firsthand knowledge[7] that money is owed to someone – for example, they saw a person borrowing money or stealing an object – must testify before בֵּית דִּין. They are only obligated to testify if they are summoned by the claimant; they are not obligated to testify of their own accord.[8]

> *…The next pair of עֵדִים is called in. They have been asked by Malachi to testify against Peretz for stealing some of his barrels of wine. Since Malachi asked them to, they are obligated to testify.*

(Similarly, a single עֵד can be obligated[9] to testify in דִּינֵי מָמוֹנוֹת[10] if this would force the defendant to make a שְׁבוּעָה.[11] For details of this שְׁבוּעָה, refer to 5.3.)

7 ע' סמ"ע חו"מ סי' כ"ח ס"ק ח' דאינו רשאי להמתין אלא חייב להעיד מיד.

8 שו"ע חו"מ סי' כ"ח סעי' א' וסמ"ע ס"ק ו'. עי' פתחי תשובה שם ס"ק ד' דהביא תשובות משכנות יעקב דגם אם לא תבעו חייבים להעיד. עי' מאירי שבועות רפ"ו דהדיין צריך לחקור תחלה הבעלי דין אם יכול להבחין האמת מתוך דבריהם עד שלא יצטרך לעדות.

9 עי' שו"ע חו"מ סי' כ"ח סעי' א' ברמ"א דעד אחד לא יעיד אם אין תועלת בעדותו דאינו אלא כמוציא שם רע על חבירו.

10 רמב"ם הל' עדות פי"ז הל' ז', שו"ע חו"מ סי' כ"ח סעי' א'.

11 עי' רש"י ב"ק נו. ד"ה אלא בחד מפני שהוא מביא את הנתבע לידי שבועה ואולי ישלם ולא ישבע. עי' נתיבות המשפט סימן כ"ח ס"ק ד' דעד שהוא לבדו אינו עובר על אם לא יגיד כו' וזה מבואר בב"ק שם.

3.6

דְּרִישַׁת וַחֲקִירַת הָעֵדִים
Examination of the Witnesses

When עֵדִים come to testify about an incident, the בֵּית דִּין must verify that they are telling the truth. After the initial עֵדוּת, the דַּיָּנִים examine each of the עֵדִים individually by asking them:

1. חֲקִירוֹת – STANDARD QUESTIONS.[1]

חֲקִירוֹת refers to examining the עֵדִים regarding the time, date and place of the incident.

(*Note*: The date must be provided in the following format: שְׁמִיטָה-cycle, year, month, day of the month, day of the week and time.)

Ezra and Nechemiah testify before בֵּית דִּין that they saw Peretz eating non-kosher food. Each of them is asked individually when and where it happened…

2. דְּרִישׁוֹת – INQUIRIES

דְּרִישׁוֹת refers to examining the עֵדִים regarding how[2] the עֲבֵירָה or act was done.[3]

1 רמב"ם הל' עדות פ"א הל' ד'.

2 עי' רמב"ם הל' עדות פ"א הל' ד' וערוה"ש חו"מ סי' ל' סעי' י"ט דמשמע שהחקירות הם על הזמן והמקום, והשאלות איך שהמעשה נעשה הן נקראות דרישות.

3 רמב"ם הל' עדות פ"א הל' ד' ה'. ועי' לחם משנה הל' ד'.

...The בֵּית דִּין asks Ezra and Nechemiah individually some important details such as what food Peretz ate and how much he ate...

3. בְּדִיקוֹת – SUPPLEMENTARY QUESTIONS

בְּדִיקוֹת refers to less important and incidental details.[4]

...The דַּיָּנִים ask them for some less important details such as what clothes Peretz wore and whether the ground on which he stood was grass or stone...

דִּינֵי מָמוֹנוֹת – In financial disputes[5] the עֵדִים are not examined at all unless the בֵּית דִּין suspects them of dishonesty.[6]

עֵדִים WHO CONTRADICT EACH OTHER

If the עֵדִים contradict each other in the חֲקִירוֹת, דְּרִישׁוֹת or בְּדִיקוֹת, their עֵדוּת is rejected.[7]

... When asked what clothes Peretz wore, Ezra said that he wore a black coat and Nechemiah said that it was blue. Their עֵדוּת is rejected...

(*Note:* If, in דִּינֵי מָמוֹנוֹת, the עֵדִים were subjected to חֲקִירוֹת and דְּרִישׁוֹת, or volunteered additional information and contradicted each other, their עֵדוּת is rejected. Contradiction in בְּדִיקוֹת does not disqualify their עֵדוּת.[8])

4 רמב"ם הל' עדות פ"א הל' ו'.

5 עי' רמב"ם הל' עדות פ"ג הל' ב' דבדיני קנסות צריכין דרישה וחקירה.

6 רמב"ם הל' עדות פ"ג הל' א' ב', שו"ע חו"מ סי' ל' סעי' א'.

7 רמב"ם הל' עדות פ"ב הל' א'.

8 רמב"ם הל' עדות פ"ג הל' ג', שו"ע חו"מ סי' ל' סעי' ב'.

AN עֵד WHO IS UNABLE TO ANSWER THE QUESTIONS

The חֲקִירוֹת and דְּרִישׁוֹת are crucial. Therefore, if any of the עֵדִים is unable to answer one or more of the questions, his עֵדוּת is rejected. However, if he is unable to reply to one of the בְּדִיקוֹת, his עֵדוּת remains valid.[9]

THEIR STATUS REGARDING FUTURE עֵדוּת

עֵדִים who were unable to answer the questions or contradicted each other remain כָּשֵׁר לְעֵדוּת for all future cases.[10]

...A few days later Ezra and Nechemiah come to the בֵּית דִּין to testify that someone was מְחַלֵּל יוֹם טוֹב. After undergoing the regular process of חֲקִירוֹת, דְּרִישׁוֹת and בְּדִיקוֹת, their עֵדוּת is accepted.

9 שם.

10 זה פשוט דלא נעשין פסולים ע״י הכחשה בחקירות ודרישות. עי׳ בש״ך חו״מ סי׳ ל״א ס״ק א׳ דאפילו אם הם מכחישים זה את זה ממש הם כשרים לעדות אחרת ורק דן אם הם פסולין לעדות אחד ביחד או לא.

3.7

The Procedure of Accepting Testimony

When עֵדִים come to בֵּית דִּין to testify about an incident, the procedure is as follows:

(1) The בֵּית דִּין verifies that the עֵדִים are not: (a) related to each other, to the דַּיָּינִים, or to the בַּעֲלֵי דִינִים; (b) נוֹגְעִין בְּעֵדוּתָן; or (c) בַּעֲלֵי עֲבֵירָה. (For an explanation of these concepts, refer to section 4.)

(2) הַגָּדַת עֵדוּת – The עֵדִים describe in detail what they saw. They do this (a) during the day;[1] (b) while standing;[2] (c) in front of דַּיָּינִים who are seated;[3] and (d) in the presence of the בַּעֲלֵי דִינִים.[4]

עֵד מִפִּי עֵד – An עֵד who heard about an incident from others but was not present himself cannot testify.[5]

---

1 רמב"ם הל' סנהדרין פ"ג הל' ד', שו"ע חו"מ סי' כ"ח סע' כ"ד.

2 רמב"ם הל' סנהדרין פכ"א הל' ג', שו"ע חו"מ סי' י"ז סעי' א'. ועי"ש הל' ה' וסעי' ג' דכבר נהגו כל בתי דיני ישראל מאחר הגמרא שמושיבין העדים. ועי"ש בש"ך ס"ק ז' דמ"מ ראוי להם לעמוד.

3 שו"ע חו"מ סי' כ"ח סעי' ו'.

4 רמב"ם הל' עדות פ"ג הל' י"א, שו"ע חו"מ סי' כ"ח סעי' ט"ו.

5 רמב"ם הל' עדות פי"ז הל' א'.

מִפִּיהֶם וְלֹא מִפִּי כְתָבָם – The עֵדִים must testify verbally; written testimony is not accepted.[6]

(3) חֲקִירוֹת, דְּרִישׁוֹת, and בְּדִיקוֹת – The בֵּית דִּין examines the עֵדִים individually in order to establish the accuracy of the עֵדוּת.[7] (For details, refer to 3.6.)

(In the case of someone who committed an עֲבֵירָה, the בֵּית דִּין also asks the עֵדִים whether the transgressor received הַתְרָאָה – for details refer to 3.10.)

כֵּיוָן שֶׁהִגִּיד שׁוּב אֵינוֹ חוֹזֵר וּמַגִּיד – Once the עֵדִים have undergone חֲקִירוֹת and דְּרִישׁוֹת in the בֵּית דִּין, they are not allowed to retract, amend, or add anything to their עֵדוּת.[8]

(4) מַשָּׂא וּמַתָּן – Once the דַּיָּינִים are convinced that the עֵדוּת is true and accurate, they discuss the matter amongst themselves.[9] Each דַּיָּין gives his opinion[10] as to how he believes the case should be decided.[11] Subsequently, a count takes place and the decision is based on the majority opinion.[12]

(For the number of דַּיָּינִים required, refer to 3.1.)

(5) גְּמַר דִּין – The אַב בֵּית דִּין announces the verdict by saying, for example: "You are פָּטוּר from מִיתַת בֵּית דִּין" or "You must pay for the damage."[13]

6 רמב"ם הל' עדות פ"ג הל' ד', שו"ע חו"מ סי' כ"ח סעי' י"א.

7 עי' סמ"ע חו"מ סי' כ"ח ס"ק ל"ז דאחר הגדת עיקר העדות בודקים את העדים כל אחד לבדו.

8 רמב"ם הל' עדות פ"ג הל' ה'.

9 שו"ע חו"מ סי' כ"ח סעי' ט'.

10 וגם צריך לומר הטעם מדוע זיכה או חייב. עי' סנהדרין לד. רש"י ד"ה דברי המחייבין.

11 עי' שו"ע חו"מ סי' י"ט סעי' א' דאין לגלות לבעל דין איזה דיין זיכה ואיזה חייב. ועי"ש בסמ"ע ס"ק א'.

12 רמב"ם הל' סנהדרין פ"ח הל' א' ב', שו"ע חו"מ סי' י"ח סעי' א'. ע"ש הל' א' דבדיני נפשות אינו נהרג עד שיהיו המחייבין יתר על המזכין שנים.

13 רמב"ם הל' סנהדרין פכ"א הל' ג' ופכ"ב הל' ט', שו"ע חו"מ סי' י"ט סעי' א'. ועי' סנהדרין מב.

THE גְּמַר דִּין IN CASES OF חִיּוּבֵי מָמוֹן

Most monetary obligations resulting from גְּזֵלוֹת, הַלְוָאוֹת, נְזִיקִין, and כְּתוּבַּת אִשָּׁה must be paid even without the involvement of בֵּית דִּין.[14]

In such matters, the function of בֵּית דִּין is to clarify who is חַיָּיב and how much he must pay when there is a dispute. They will issue a פְּסַק דִּין,[15] after which they will enforce payment in cases in which the person refuses to pay.[16]

THE גְּמַר דִּין IN CASES OF קְנָסוֹת

Monetary obligations that fall under the category of קְנָסוֹת are fully dependant on the גְּמַר דִּין. Therefore, even if a person did an act for which he would be חַיָּיב קְנָס, he does not have an obligation to pay until the בֵּית דִּין has issued a פְּסַק דִּין. (For the full range of קְנָסוֹת, refer to vol. II, 5.8.)

(6) In cases of מִיתַת בֵּית דִּין, before the death sentence is carried out, the verdict is announced publicly. This is done in order that anyone who has relevant knowledge that could lead to saving the life of the convicted (for example, by proving the inaccuracy of the עֵדוּת) will come to the בֵּית דִּין.[17]

(7) Carrying out the verdict:

(a) The punishment of מִיתַת בֵּית דִּין[18] or מַלְקוּת[19] is carried out. (See 2.3 regarding who carries out the מִיתַת בֵּית דִּין.)

14 עי' גליון הש"ס מכות ה. הוא בעצמו שיודע האמת בר חיובא הוא ומוטל עליו לשלם משא"כ בקנס וכו' וכן בדיני נפשות דבמה שיודע האמת שהרג לאו בר קטלא וכו'. עי' רמב"ם הל' גניבה פ"ב הל' ט"ו מה הנ"מ בין קודם גמר דין ובין לאחר גמר דין.

15 רמב"ם הל' סנהדרין פכ"ב הל' ד' שו"ע חו"מ סי' י"ב סעי' ב'. אחר שגמר הדין אינו רשאי לעשות פשרה ביניהם.

16 עי' שו"ע חו"מ סי' י"ט סעי' ג'.

17 רמב"ם הל' סנהדרין פי"ג הל' א'.

18 שם.

19 ע"י שליח בית דין כן משמע מלשון המשנה מכות ח.

(b) In דִּינֵי מָמוֹנוֹת, the one who has lost the case must pay. If he refuses, the בֵּית דִּין enforces payment.[20]

(c) For קִדּוּשׁ הַחֹדֶשׁ, the בֵּית דִּין announces that the month is מְקוּדָּשׁ, i.e., the next month has begun.[21]

20 עי' סנהדרין טז: רש"י ד"ה שוטרים גוליירים חובטין במקלות ע"פ השופטים לכל מי שאינו שומע.

21 רמב"ם הל' קדוש החדש פ"ב הל' ח'.

3.8

עֵדוּת מוּכְחֶשֶׁת
Contradictory Testimony

If עֵדִים testify in בֵּית דִּין and they are contradicted by other עֵדִים, both testimonies are invalid.

Reuven and Shimon testify in בֵּית דִּין that Betzalel broke the פִּטָם of Mr. Eisen's אֶתְרוֹג. However, Moshe and Aharon testify that it was Chaim's carelessness while closing the box that caused the damage. Both עֵדְיוֹת are rejected, and neither Betzalel nor Chaim is held accountable...

THEIR STATUS REGARDING FUTURE עֵדוּת

One of the two groups has definitely testified falsely and therefore should be classified as עֵדִים פְּסוּלִים. However, since it is impossible to determine who the false עֵדִים are, all of them will be accepted in the future for עֵדוּת.[1]

Nevertheless, one עֵד from the first group will not be able to testify

1 רמב"ם הל' עדות פכ"ב הל' א', שו"ע חו"מ סי' ל"א סעי' א'. עי' רשב"ם ב"ב לא: ד"ה וזו באה דאוקי גברא אחזקיה ולא תפסלינהו מספק.

together with an עֵד from the second group, since one of them is definitely an עֵד פָּסוּל.²

> ...Mr. Gold's jewellery store has been robbed. Reuven and Moshe come to the בֵּית דִין, ready to reveal the identity of the thief. Their עֵדוּת is rejected since either Reuven or Moshe is definitely a false עֵד due to their involvement in the case of Mr. Eisen's אֶתְרוֹג.

(*Note:* If the first group was proved to be false through הֲזָמָה, they are disqualified and the second group is believed – see 3.9.)

---

2 רמב"ם הל' עדות פכ"ב הל' א', שו"ע חו"מ סי' ל"א סעי' א'.

3.9

עֵדִים זוֹמְמִין
Witnesses Who Are Proven False

IF עֵדִים TESTIFY ABOUT a matter in בֵּית דִּין, and subsequently other עֵדִים disprove[1] that עֵדוּת, the first עֵדִים are classified as עֵדִים זוֹמְמִין (lit., witnesses who plotted) and are punished. The procedure for הֲזָמָה (disqualification) is as follows:

1. FIRST SET OF עֵדִים

עֵדִים testify in בֵּית דִּין against someone, who as a result will be liable to a punishment or financial obligation.

> *Yaakov's silver cup has disappeared from his house in Ashkelon. Reuven and Shimon testify in בֵּית דִּין that they saw Avraham steal it at six-thirty in the morning on עֶרֶב יוֹם כִּפּוּר. Avraham denies the accusation, but based on the עֵדוּת, he is ordered to pay its value of 250 dinar.*

---

1 עי' רמב"ם הל' עדות פי"ח הל' א' מי שהעיד בשקר ונודע בעדים שהעיד בשקר זה הוא שנקרא עד זומם. ובהל' ב' אבל שתי כיתי עדים המכחישות זו את זו ואין כאן עדות אין עונשין את אחת מהן לפי שאין אנו יודעים מי היא הכת השקרנית. ובהל' ג' וזו שהאמינה התורה עדות האחרונים על העדים הראשונים גזירת הכתוב הוא.

2. SECOND SET OF עֵדִים

After the בֵּית דִּין accepts their עֵדוּת and announces the גְּמַר דִּין,[2] a second set of עֵדִים claim that the first set of עֵדִים could never have seen the incident because they were with them at a different location at the time they claim the incident happened.[3]

Only if the second set of עֵדִים claim that the first set were with them elsewhere at that time is it considered הֲזָמָה. If they contradict them in any other way – for example, if they say that the accused person was elsewhere at that time, or that the incident did not happen – it is not regarded as הֲזָמָה but as הַכְחָשָׁה (see 3.8).[4]

...A week later, Levi and Yehudah enter בֵּית דִּין and say: "We saw Reuven and Shimon davening with us at the main shul in Akko on עֶרֶב יוֹם כִּפּוּר between six o'clock and seven o'clock in the morning." Since Reuven and Shimon could not have seen Avraham stealing the silver cup as Akko is miles away from Yaakov's house, their עֵדוּת is false...

3. THE FIRST SET OF עֵדִים BECOME עֵדִים זוֹמְמִין

The בֵּית דִּין checks the second group and accepts their עֵדוּת. The עֵדוּת of the first set of עֵדִים is now disproved and they are considered to be עֵדִים זוֹמְמִין. The following דִּינִים apply:

(a) The verdict based on their false עֵדוּת is annulled and thus the falsely accused person is פָּטוּר.[5]

(b) The first set of עֵדִים are פְּסוּלִים לְעֵדוּת.[6]

---

2 עי' רמב"ם הל' עדות פ"כ הל' א' דאין העדים זוממין נהרגין עד שיגמר הדין.

3 רמב"ם הל' עדות פי"ח הל' ב'. ועי' פי"ט הל' א' דאם העידו ואמרו בבוקר הרג את הנפש בירושלים ובאו שנים ואמרו בערב הייתם עמנו בלוד אם אינו יכול להגיע הרי אלו זוממין.

4 רמב"ם הל' עדות פי"ח הל' ב'.

5 רמב"ם הל' עדות פ"כ הל' ו'.

6 רמב"ם הל' עדות פ"י הל' ד' ופי"ט הל' ג', שו"ע חו"מ סי' ל"ד סעי' ח'. וע"ש סי' ל"ח ברמ"א דאע"פ שאין דין עדים זוממין האידנא משום שהוא קנס מ"מ איכא נפקותא דעד זומם פסול להעיד.

(c) They are given the same punishment that they intended for the accused.[7]

...Avraham is exempt from paying for the cup. Reuven and Shimon must, between them, pay Avrohom 250 dinar. If Avraham has already paid, Yaakov must refund the sum...

עֵד זוֹמֵם לְמַפְרֵעַ הוּא נִפְסָל — AN עֵד זוֹמֵם IS DISQUALIFIED RETROACTIVELY

עֵדִים זוֹמְמִין are regarded as פְּסוּלִים from the moment of their false testimony. Therefore, any עֵדוּת that they delivered from then onwards is also cancelled.[8] For example: Two עֵדִים testified on Monday in בֵּית דִּין and delivered another עֵדוּת on Wednesday. On Thursday, two other עֵדִים come to the בֵּית דִּין and are מַזִּים them on their first עֵדוּת. They are retroactively פְּסוּלִים from Monday, and therefore the עֵדוּת that they gave on Wednesday is also cancelled.

הֲזָמָה APPLIES TO ALL KINDS OF עֵדֻיּוֹת

No matter whether the עֵדִים testify on a מַלְקוּת חִיּוּב ,מִיתָה חִיּוּב, or חִיּוּב מָמוֹן,[9] they receive the sentence they intended for the falsely accused person.

SITUATIONS WHERE עֵדִים זוֹמְמִין RECEIVE A DIFFERENT PUNISHMENT

If the punishment which the עֵדִים זוֹמְמִין intended cannot be imposed on them, they receive מַלְקוּת instead. For example, עֵדִים who testified about a certain כֹּהֵן being a חָלָל (see 8.6) and are afterwards found to be עֵדִים זוֹמְמִין will not be classed as being חֲלָלִים even if they themselves are כֹּהֲנִים; they receive מַלְקוּת instead.[10]

7 רמב"ם הל' עדות פי"ח הל' א'.

8 רמב"ם הל' עדות פ"י הל' ד' ופי"ט הל' ג', שו"ע חו"מ סי' ל"ד סעי' ח'.

9 רמב"ם הל' עדות פי"ח הל' א'.

10 רמב"ם הל' עדות פ"כ הל' ח'.

THE PUNISHMENT THAT EACH עֵד זוֹמֵם RECEIVES

(a) In the case of physical punishment, i.e., מִיתָה or מַלְקוּת, both עֵדִים are put to death or receive a full set of מַלְקוּת.

(b) In monetary cases, however, the עֵדִים share the payment of compensation between them and give it to the falsely accused person.[11]

Note:

- This is referred to as מְשַׁלְשִׁין בְּמָמוֹן וְאֵין מְשַׁלְשִׁין בְּמַכּוֹת – they divide in financial cases but not in cases of lashes.[12]
- If the group of עֵדִים consists of more than two עֵדִים, and all of them received הֲזָמָה, they are all punished.[13]

הֲזָמָה AGAINST THE SECOND SET OF עֵדִים

If a third set of עֵדִים testifies in the בֵּית דִּין and claims that the second set were with them at that time in a different location, and thus the second set could never have seen the first set, the דִּין is as follows:

The first set, who were declared עֵדִים זוֹמְמִין, are now regarded as עֵדִים כְּשֵׁרִים and are thus not punished. The second set are now עֵדִים זוֹמְמִין and will receive the punishment they intended for the first set. It follows that since the first set are now regarded as עֵדִים כְּשֵׁרִים, the originally convicted person is חַיָּיב.[14]

> *...Dan and Naftali are very upset to hear that Levi and Yehudah, the second set, claimed to have seen Reuven and Shimon at the Akko shul at that time, as they remember clearly that Levi and Yehudah attended*

11 עי' רש"י מכות ה. ד"ה ממון מצטרף דהממון ניתן למי שרצו להפסיד. ועי' יראים סי' קע"ח דמקשה מניין שהממון למי שהעידו עליו אחרי שהוא קנס יתנהו ב"ד לכל מי שירצה.

12 רמב"ם הל' עדות פי"ח הל' א'.

13 רמב"ם הל' עדות פ"כ הל' ג'. ודוקא אם העידו זה אחר זה בתוך כדי דיבור.

14 רמב"ם הל' עדות פ"כ הל' ו'.

a בְּרִית מִילָה that morning in יְרוּשָׁלַיִם at 6:45. They testify in the בֵּית דִין, which results in Levi and Yehudah themselves becoming עֵדִים זוֹמְמִין and between them paying 250 dinar to Reuven and Shimon. Avraham will now have to pay the 250 dinar to Yaakov.

(Note: This could continue with a fourth set of עֵדִים coming and discrediting the third set of עֵדִים through הֲזָמָה, in which case the third and first sets are עֵדִים זוֹמְמִין and the originally convicted person will be free. After this, another set could give הֲזָמָה to the fourth set, etc.[15])

IF THE FALSELY ACCUSED PERSON HAS ALREADY BEEN PUNISHED

If the falsely accused person was punished before the עֵדִים became זוֹמְמִין, the דִין is as follows:

(a) **In cases of מִיתָה** – If the falsely accused person was already put to death by the בֵּית דִין, and only afterwards are the עֵדִים found to be עֵדִים זוֹמְמִין, they will not be put to death.[16] (This is referred to as כַּאֲשֶׁר זָמַם וְלֹא כַּאֲשֶׁר עָשָׂה[17] – as he plotted and not as he did.)

(b) **In cases of מַלְקוּת** – If the falsely accused person has already received מַלְקוּת, according to some opinions the עֵדִים זוֹמְמִין do not receive מַלְקוּת; others rule that they do.[18]

(c) **In cases of מָמוֹן** – If the falsely accused person has already paid, the money is returned to him and additionally the עֵדִים זוֹמְמִין must pay him.[19]

---

15 שם.
16 רמב"ם הל' עדות פ"כ הל' ב'.
17 זה לשון הרמב"ם הל' עדות פ"כ הל' ב' ולשון רש"י חולין י"א: ד"ה אין נהרגין.
18 רמב"ם הל' עדות פ"כ הל' ב'. ועי"ש בכ"מ טעם לחילוק שבין מיתה למלקות. ועע"ש דעת הסוברים דגם במלקות אמרינן כאשר זמם ולא כאשר עשה.
19 רמב"ם הל' עדות פ"כ הל' ב'. עי' תוס' ב"ק ד: ד"ה ועדים זוממין.

הֲזָמָה AGAINST ONLY ONE OF THE עֵדִים

If only one of the עֵדִים received הֲזָמָה, the דִּין is as follows:

(a) That עֵד becomes פָּסוּל לְעֵדוּת and the entire עֵדוּת is cancelled.

(b) That עֵד is not punished, as the relevant punishment only applies if the entire group is found to be עֵדִים זוֹמְמִין.[20]

---

20 רמב"ם הל' עדות פ"כ הל' א'. עי' קהילות יעקב מכות סי' ז' דלפי דעת הרמב"ם הל' עדות פ"כ הל' א' והריב"ש היכא דהעדים לא נענשים כגון שלא הוזמו כולם או שלא היתה הזמה בפניהם מ"מ הם נפסלים לעדות ושמא הריטב"א חולק על זה וסובר דכיון דלא נענשים לכן החידוש של עדים זוממין לא נאמר בכה"ג וגם לא נפסלים אלא רק הוי כמוכחשים.

3.10

הַתְרָאָה
Warning

When a person commits an עֲבֵירָה which is punishable by מִיתָה or מַלְקוּת, the בֵּית דִּין can only punish him if he was warned[1] before committing the act. The warning is given in the following manner: "Do not do this, because it is an עֲבֵירָה[2] and you will be חַיָּיב מִיתָה (or חַיָּיב מַלְקוּת)."

If the person nevertheless goes ahead and commits the עֲבֵירָה after the הַתְרָאָה, he will be fully aware of what he is doing and what the consequences are.[3]

VALIDITY OF הַתְרָאָה

הַתְרָאָה is only valid if:

(1) **תּוֹךְ כְּדֵי דִּיבּוּר** – The הַתְרָאָה is given immediately before the עֲבֵירָה is committed.[4]

1 סנהדרין ח: מ:, רמב"ם הל' סנהדרין פי"ב הל' ב'.

2 עי' רמב"ם הל' סנהדרין פי"ב הל' ב' דאומר לו אל תעשה שזו עבירה היא. ועי' רש"י שבועות כ: ד"ה ואזהרתיה דחייב להתרות לאיזה לאו הוא עובר. ועי' מנחת חינוך מצוה ל"ב אות ב'.

3 רמב"ם הל' סנהדרין פי"ב הל' ב' והל' איסורי ביאה פ"א הל' ג'. שלא ניתנה התראה בכל מקום אלא להבחין בין שוגג ומזיד.

4 רמב"ם הל' סנהדרין פי"ב הל' ב'.

(2) **הִתִּיר עַצְמוֹ לְמִיתָה** – Upon hearing the הַתְרָאָה, the transgressor responds that even though he is aware of the consequences he intends to commit the עֲבֵירָה.[5] (For the דִּין of a person who commits an עֲבֵירָה without responding to the הַתְרָאָה, refer to 2.7.)

(3) The עֵדִים also hear the הַתְרָאָה.[6]

(*Note:* The הַתְרָאָה does not need to be given by one of the עֵדִים; even a woman or an עֶבֶד כְּנַעֲנִי can give הַתְרָאָה.[7])

CASES IN WHICH הַתְרָאָה IS NOT NEEDED

In the following cases, one is punishable without having been warned:

(1) **מֵסִית** – Someone who incites others to worship עֲבוֹדָה זָרָה.[8]

(2) **עֵדִים זוֹמְמִין** – The עֵדִים who become עֵדִים זוֹמְמִין (3.9) are punished even though they were not warned against testifying falsely.[9]

(3) **קְנָסוֹת** and **תַּשְׁלוּמִין** – Payments and penalties, such as compensation for damages and תַּשְׁלוּמֵי כֵּפֶל for theft.[10]

Two עֵדִים enter בֵּית דִּין with the following testimony: "We saw Uriah steal a flask of wine from the local winery. He then ran to a nearby forest, where he poured himself a cup of the beverage. Yaakov, one of the winemakers, who had followed him, called out loudly from behind

---

5 רמב"ם הל' סנהדרין פי"ב הל' ב'. עד שיתיר עצמו למיתה ויאמר על מנת כן אני עושה. ועי"ש בלחם משנה דגם למלקות בעינן שיתיר עצמו ויקבל ההתראה. ועי' שדי חמד מערכת המ"ם כלל ל"א דהביא דעת החולקים.

6 רמב"ם הל' סנהדרין פי"ב הל' ב' ג'.

7 רמב"ם הל' סנהדרין פי"ב הל' ב'. עי"ש דאפילו התרה בעצמו.

8 רמב"ם הל' עבודה זרה פ"ה הל' ג' והל' סנהדרין פי"א הל' ה'.

9 רמב"ם הל' עדות פי"ח הל' ד'.

10 עי' רש"י כתובות לג. ד"ה דלאו בני התראה נינהו שכתב לא תענשינהו אלא ממון דאין עונש הגוף בלא התראה. עי' סמ"ע חו"מ סי' תכ"ה ס"ק ג' דרודף צריך להזהירו ואין צריך לעשות בו התראה ממש ושיקבל ההתראה וכו' ובדיעבד אפילו לא אמרו לו אפ"ה מצילין הנרדף בנפשו של רודף.

a tree,[11] *'Don't drink the wine – it is* טֶבֶל*, and you will be* חַיָּב מַלְקוּת*.' Uriah nevertheless went ahead and drank the wine."*

The verdict of the בֵּית דִּין *is that Uriah is* חַיָּב מַלְקוּת *since he was warned. He must also pay for the wine, even though there was no* הַתְרָאָה *for the theft,*[12] *since no warning is required to obligate him to pay for theft.*

11 עי' רמב"ם הל' סנהדרין פי"ב הל' ב' דאפילו שמע קול המתרה ולא ראהו.

12 ולא שייך כאן קם ליה בדרבה מיניה מפני שהחיוב גניבה בא כשהגביה את היין והחיוב מלקות בא בשעת שתייה.

SECTION FOUR

Laws of עֵדִים פְּסוּלִים — Disqualified Witnesses

4.1 עֵדִים פְּסוּלִים – Overview of Disqualified Witnesses

4.2 פְּסוּלֵי הַגּוּף – People Intrinsically Disqualified from Serving as Witnesses

4.3 עֵדִים רְשָׁעִים – Disqualification due to Misconduct

4.4 עֵדִים קְרוֹבִים – Disqualification due to Relationship

4.5 בַּעֲלֵי דָבָר – Disqualification due to Personal Involvement

4.1

עֵדִים פְּסוּלִים

Overview of Disqualified Witnesses

THE FOLLOWING PEOPLE ARE disqualified from serving as עֵדִים:

(1) **פְּסוּלֵי הַגּוּף**[1] – Those who are intrinsically disqualified due to a physical or mental limitation, such as a שׁוֹטֶה or a קָטָן.

(2) **רְשָׁעִים** – Those who do certain עֲבֵירוֹת.

(3) **קְרוֹבִים** – Those related to one of the **בַּעֲלֵי דִינִים**,[2] **דַּיָּינִים**,[3] or to the other **עֵד**.[4]

(4) **בַּעֲלֵי דָבָר** – Those personally involved in the case.

Note:

□ Any ruling in דִּינֵי מַלְקוּת ,דִּינֵי נְפָשׁוֹת, and דִּינֵי מָמוֹנוֹת which was based on the

1 עי' טור חו"מ רסי' ל"ג ומהם מחמת ריעותא שבגופם. הלשון פסול בגופו מובא בש"ך חו"מ סי' ל"ג ס"ק ט"ז.

2 רמב"ם הל' עדות פי"ג הל' א'.

3 שו"ע חו"מ סי' ל"ג סעי' י"ז ועי"ש בבאר הגולה. עי"ש בסמ"ע ס"ק כ"ו דיש מכשירים בדיני ממונות עדים הקרובים לדיינים דהטעם דעדים קרובים לדיינים פסולים דהדיינים לא יקבלו הזמה על קרוביהם ובדיני ממונות לא בעינן עדות שאתה יכול להזימה.

4 שו"ע חו"מ סי' ל"ג סעי' י"ז. עי' ריטב"א כתובות כח. ד"ה נאמן אדם הטעם דעדים הקרובים זה לזה פסולים להעיד לפי הירושלמי הוא דאם הוזמו הרי הם נהרגים ע"פ קרוביהן שהעידו עמהם ולפי הבבלי גזירת המלך הוא שלא יהיה הדבר נגמר ע"פ קרובים שהם כגוף אחד.

עֵדוּת of an עֵד פָּסוּל – as well as קִדּוּשִׁין[5] or גִּיטִּין[6] for which an עֵד פָּסוּל served as an עֵד – is invalid. (However, in some cases of עֵד אֶחָד an עֵד פָּסוּל may testify – see 3.4.)

- נִמְצָא אֶחָד מֵהֶן קָרוֹב אוֹ פָּסוּל – In a case where there were more than two עֵדִים in the group, and one of them was found to be פָּסוּל, the entire עֵדוּת becomes invalid.[7]

5 עי' רמב"ם הל' אישות פ"ד הל' ו' ושו"ע אה"ע סי' מ"ב סעי' ה'.

6 עי' שו"ע אה"ע סי' קל"ג סעי' א'.

7 רמב"ם הל' עדות פ"ה הל' ג', שו"ע חו"מ סי' ל"ו סעי' א'.

4.2

פְּסוּלֵי הַגּוּף
People Intrinsically Disqualified from Serving as Witnesses

CERTAIN PEOPLE ARE פְּסוּלִים לְעֵדוּת, either due to their status or as a result of a mental or physical limitation.

(1) A woman.[1]

(2) An עֶבֶד כְּנַעֲנִי.[2] (See vol. II, 8.6.)

(3) A non-Jew.[3]

(4) A קָטָן.[4] (See 9.1.)

(5) A שׁוֹטֶה (mentally challenged person).[5]

(6) A deaf or mute person.[6]

---

1 רמב"ם הל' עדות פ"ט הל' ב', שו"ע חו"מ סי' ל"ה סעי' י"ד. עי"ש ברמ"א די"א דבמקום שאין אנשים רגילים להיות או בדבר שאין אנשים רגילים לדקדק בזה נשים נאמנות.

2 רמב"ם הל' עדות פ"ט הל' ד', שו"ע חו"מ סי' ל"ד סעי' י"ט.

3 רמב"ם הל' עדות פ"ט הל' ד', שו"ע חו"מ סי' ל"ד סעי' י"ט. עי' הגהות אשר"י גיטין פ"א סי' י די"א שעובדי כוכבים המוחזקים שאינם שקרנים כשרים לעדות.

4 רמב"ם הל' עדות פ"ט הל' ז' ח', שו"ע חו"מ סי' ל"ה סעי' א' ג'. ועי"ש סעי' ד'-ו' כמה דברים שהוא מעיד עליהם כשהוא גדול מה שראה בקטנותו. ועי"ש בש"ך ס"ק א' האם בעינן י"ג שנים מעת לעת.

5 רמב"ם הל' עדות פ"ט הל' ט' י', שו"ע חו"מ סי' ל"ה סעי' ח'-י'. והפתאים בכלל השוטים. ועי"ש בסמ"ע ס"ק כ"א מה ההבדל בין שוטה לפתי.

6 רמב"ם הל' עדות פ"ט הל' י"א, שו"ע חו"מ סי' ל"ה סעי' י"א.

(7) A blind person.[7]

All the above are פָּסוּל for any עֵדוּת which requires two עֵדִים (see 3.4). Furthermore, a טְרֵיפָה (a person who, due to illness, חֲזַ"ל determine cannot live beyond twelve months[8]) is disqualified from testifying in cases of דִּינֵי נְפָשׁוֹת.[9]

7 רמב"ם הל' עדות פ"ט הל' י"ב, שו"ע חו"מ סי' ל"ה סעי' י"ב. ועי"ש דהסומא באחת מעיניו כשר להעיד.

8 עי' שו"ע אה"ע סי' י"ז סעי' ל"ב ובבית שמואל ס"ק צ"ז.

9 ב"י חו"מ סי' ל"ג ס"ק מ"א, כ"מ הל' עדות פ"כ הל' ז'. והטעם הוא משום דהוי עדות שאי אתה יכול להזימה. ועי' ש"ך חו"מ סי' ל"ג ס"ק ט"ז דהביא דעת י"א דטריפה הוי פסול הגוף ופסול ג"כ בדיני ממונות אבל הש"ך חולק על זה. עי' אור שמח הל' עדות פ"כ הל' ז' דעדי טריפה פסולים להעיד במחויב מלקות משום דבעי במקוים שבעמך.

4.3

עֵדִים רְשָׁעִים

Disqualification due to Misconduct

THE FOLLOWING PEOPLE ARE disqualified[1] from serving as an עֵדִים due to their actions:

פְּסוּלִים מִן הַתּוֹרָה

(1) A person who בְּמֵזִיד[2] commits an עֲבֵירָה which carries the punishment of מִיתַת בֵּית דִּין or מַלְקוּת,[3] for example, חִילּוּל שַׁבָּת or חִילּוּל יוֹם טוֹב.

(2) An עֵד זוֹמֵם.[4] (See 3.9.)

(3) Someone who has made a false שְׁבוּעָה.[5]

(4) Someone who, for financial gain, transgressed an אִסּוּר מִן הַתּוֹרָה,

---

1 עי׳ רמב״ם הל׳ עדות פי״ב הל׳ א׳ ושו״ע חו״מ סי׳ ל״ד סעי׳ כ״ד דנפסל לעדות אם העידו עליו שני עדים שעבר עבירה פלונית ואע״פ שלא התרו בו ואם היא עבירה שלא פשט בישראל שהיא עבירה הם אינם נפסלים אא״כ אם הודיעו לו שהיא עבירה.

2 לשון שו״ע חו״מ סי׳ ל״ד סעי׳ ב׳ בין לתיאבון בין להכעיס. ועי״ש בפתחי תשובה ס״ק ד׳ שהביא שו״ת שבות יעקב דמי שהרג נפש בשגגה כשר לכל עדות אף קודם שעשה תשובה.

3 רמב״ם הל׳ עדות פ״י הל׳ ב׳ ג׳, שו״ע חו״מ סי׳ ל״ד סעי׳ ב׳.

4 רמב״ם הל׳ עדות פ״י הל׳ ד׳, שו״ע חו״מ סי׳ ל״ד סעי׳ ח׳.

5 שו״ע חו״מ סי׳ ל״ד סעי׳ ה׳. וה״ה שבועת שוא.

such as גְּזֵלָה or lending money to a יִשְׂרָאֵל with רִיבִּית (interest).[6]

Mendel runs a thriving money-lending business. Since his interest rates are lower than the bank's, he attracts many customers, one of whom is Jewish. As Mendel is aware of the אִסּוּר of רִיבִּית, he cannot serve as an עֵד at the upcoming קִדּוּשִׁין of his friend Zalman…

פְּסוּלִים מִדְּרַבָּנָן

(1) Someone who has transgressed other אִסּוּרִים מִן הַתּוֹרָה[7] or אִסּוּרִים מִדְּרַבָּנָן which carry the punishment of מַכַּת מַרְדּוּת (2.8).[8]

(2) Those who, for financial gain, have transgressed less obvious אִסּוּרִים. This includes: (a) gamblers;[9] (b) traders in שְׁבִיעִית produce;[10] (c) חַמְסָנִים, i.e., people who force others to sell their possessions to them;[11] (d) shepherds (because they usually let their[12] animals graze in other people's fields);[13] and (e) people who breed pigeons in inhabited areas (because it is common for them to steal other people's pigeons).[14]

---

6 רמב"ם הל' עדות פ"י הל' ד', שו"ע חו"מ סי' ל"ד סעי' ז' י'. עי' ערוה"ש חו"מ סי' ל"ד סעי' ז' דכל מי שעושה איסור קל בעד ממון פסול מן התורה וכיון שחשוד על ממון פשיטא שיעיד שקר מפני ממון. ועי' סנהדרין כד: תד"ה ואלו.

7 שו"ע חו"מ סי' ל"ד סעי' ב' ברמ"א. עי' רדב"ז הל' עדות פ"י הל' ב' דבלאו שניתן לתשלומין לאו שאין בו מעשה ולאו שבכללות פסול מן התורה. עי' אורים ותומים סי' ל"ד ס"ק א' דאם עבר על לאו הניתק לעשה גם נפסל לעדות מן התורה אבל לאו שאין בו מעשה לא נפסל לעדות מן התורה. ועי"ש בפתחי תשובה ס"ק ה' ועע"ש באורים ותומים דאף אם לא התרו בו כלל מ"מ נפסל.

8 רמב"ם הל' עדות פ"י הל' ג'. ועי' פמ"ג או"ח ח"א פתיחה כוללת חלק א' אות כ"ד שהחיוב מדבריהם הוא חיוב מכת מרדות.

9 רמב"ם הל' עדות פ"י הל' ד', שו"ע חו"מ סי' ל"ד סעי' ט"ז. ועי"ש בכ"מ ובסמ"ע ס"ק מ' בענין אם יש להם אומנות אחרת.

10 רמב"ם הל' עדות פ"י הל' ד', שו"ע חו"מ סי' ל"ד סעי' ט"ז. ועי"ש בכ"מ בענין אם יש להם אומנות אחרת.

11 רמב"ם הל' עדות פ"י הל' ד', שו"ע חו"מ סי' ל"ד סעי' י"ג.

12 ודוקא בהמות של עצמם.

13 רמב"ם הל' עדות פ"י הל' ד', שו"ע חו"מ סי' ל"ד סעי' י"ג. שחזקתן שמניחים בהמתן לרעות בשדות של אחרים.

14 רמב"ם הל' עדות פ"י הל' ד', שו"ע חו"מ סי' ל"ד סעי' ט"ז. עי' סנהדרין כה. שני פירושים במפריחי יונים. ועי' סמ"ע חו"מ סי' ל"ד ס"ק ל"ט.

(3) An עַם הָאָרֶץ (ignorant person – according to חֲזַ"ל's definition), because he presumably commits עֲבֵירוֹת.[15]

(4) A person who has little self-respect and behaves in an undignified way, for example, regularly eating[16] in the street. He is disqualified from giving עֵדוּת because he would not be terribly embarrassed if he were caught lying in בֵּית דִין.[17]

THE DIFFERENCE BETWEEN פְּסוּלִים מִן הַתּוֹרָה AND פְּסוּלִים מִדְּרַבָּנָן

If a פָּסוּל מִן הַתּוֹרָה served as an עֵד for קִדּוּשִׁין, the קִדּוּשִׁין is completely invalid. However, if the עֵד is a פָּסוּל מִדְּרַבָּנָן, although the קִדּוּשִׁין is also invalid, it is not entirely disregarded; therefore, before remarrying, the woman must receive a גֵּט.[18]

(*Note:* A person who is פָּסוּל מִן הַתּוֹרָה becomes פָּסוּל לְעֵדוּת as soon as he commits the עֲבֵירָה; therefore anything for which he has served as an עֵד since he committed the עֲבֵירָה is invalid. However, a פָּסוּל מִדְּרַבָּנָן only attains this status once it has been publicized by בֵּית דִין; therefore, any עֵדוּת prior to this remains valid.[19])

REGAINING THE STATUS OF BEING כָּשֵׁר לְעֵדוּת

How can a person who became פָּסוּל לְעֵדוּת become כָּשֵׁר again?

(a) Someone who became פָּסוּל as a result of transgressing an אִסּוּר for financial gain will only become כָּשֵׁר once he has proven that he has

15 רמב"ם הל' עדות פי"א הל' א'-ג', שו"ע חו"מ סי' ל"ד סעי' י"ז. אבל עם הארץ שהוחזק שהוא הולך בדרכי הכשרים הוא כשר לעדות. עי"ש הל' י' וסעי' כ"ב דמוסרים אפיקורסים ומומרים הם פסולים לעדות.

16 עי' ב"ח חו"מ סי' ל"ד ס"ק כ"ט דהביא דעת רש"י דדוקא הרגיל לאכול תמיד בשוק. ועי"ש בב"י.

17 רמב"ם הל' עדות פי"א הל' ה', שו"ע חו"מ סי' ל"ד סעי' י"ח.

18 שו"ע אה"ע סי' מ"ב סעי' ה'. ואם רוצה לכנוס חוזר ומקדש בעדים כשרים.

19 רמב"ם הל' עדות פי"א הל' ו'. ע' שו"ת הרשב"א סי' אלף קס"ו דפסולי עדות מדרבנן אחר הכרזה לאו כפסולי תורה הן.

given up his inappropriate conduct. For example, a gambler must destroy his cards or dice and stop gambling completely, even for no financial gain.[20] Someone who previously lent with interest must voluntarily destroy his loan documents and stop lending with interest altogether, even to עוֹבְדֵי כּוֹכָבִים.

> ...Mendel the moneylender has realized the severity of his wrongdoings. He wants to do תְּשׁוּבָה and become כָּשֵׁר לְעֵדוּת. Therefore, he closes down his entire business and stops lending altogether, even to his non-Jewish clientele.

(b) Those who became פָּסוּל as a result of having committed other עֲבֵירוֹת remain פָּסוּל until they receive מַלְקוּת or until it is known to the בֵּית דִּין that they have done תְּשׁוּבָה.[21]

---

20 רמב״ם הל׳ עדות פי״ב הל׳ ד׳-י׳, שו״ע חו״מ סי׳ ל״ד סעי׳ כ״ט-ל״ה.

21 רמב״ם הל׳ עדות פי״ב הל׳ ג׳ ד׳, שו״ע חו״מ סי׳ ל״ד סעי׳ כ״ח.

4.4

עֵדִים קְרוֹבִים
Disqualification due to Relationship

A PERSON MAY NOT SERVE as an עֵד in a case involving his קָרוֹב (close relative).[1]

Chaim's father's car has been badly damaged. Chaim, who was amongst the group who witnessed it happening, will not be accepted by בֵּית דִּין *to testify.*

Binyamin cannot serve as an עֵד *at his brother's wedding.*

RELATIVES WHO ARE CONSIDERED קְרוֹבִים:[2]

(1) Father and son.

(2) Grandfather and grandson.

(3) Brothers.[3]

---

1 עי׳ רמב״ם הל׳ עדות פי״ג הל׳ ט״ו דזה שפסלה תורה עדות הקרובים לא מפני שהן בחזקת אוהבים זה את זה אלא גזירת הכתוב היא.

2 רמב״ם הל׳ עדות פי״ג הל׳ א׳-ה׳, שו״ע חו״מ סי׳ ל״ג סעי׳ א׳ ב׳. האחים זה בזה הרי הם ראשון בראשון בניהם זה עם זה שני בשני אב עם בנו הוא כראשון בראשון אב עם בן בנו הוא שני בראשון.

3 עי׳ רמב״ם הל׳ עדות פי״ג הל׳ א׳ דהקרובים מן האב הם פסולים מן התורה והקרובים מן האם הם פסולים מדרבנן. ועי׳ שו״ע חו״מ סי׳ ל״ג סעי׳ ב׳ דקרובים מן האם פסולים מן התורה. ועי״ש בש״ך ס״ק א׳ דנוקט בדעת הרמב״ם דקרובים מן האם הם פסולים מן התורה. וע״ע בש״ך דהנ״מ בין פסול דאורייתא ופסול דרבנן הוא לענין קידושין.

(4) Uncle and nephew.

(5) First cousins.

More distant relationships, such as great-grandfather and great-grandson,[4] great-uncle and great-nephew, and second cousins, do not disqualify a person for עֵדוּת.[5]

APPLICATION TO WOMEN

These דִינִים apply to women as well. In a case in which a woman is one of the בַּעֲלֵי דִינִין, her relative is not eligible to serve as an עֵד or a דַיָּין.[6]

During the שֶׁבַע בְּרָכוֹת which Mrs. Glick made for her daughter, her candlesticks were stolen. Her father is willing to testify against the suspected thief. Unfortunately, he is פָּסוּל to serve as an עֵד...

RELATIONSHIP THROUGH MARRIAGE

People who are closely related through marriage, such as a brother-in-law or a son-in-law, are also פְּסוּלִים לְעֵדוּת.[7]

...The latest addition to the Glick family, the חָתָן, is also disqualified because he is the son-in-law of the candlesticks' owner.

Relationship through two marriages may also disqualify a person from being an עֵד. For example, a wife's sister's husband.[8]

4 זו היא שיטת הרמב"ם הל' עדות פי"ג הל' ה'. ועי' שו"ע חו"מ סי' ל"ג סעי' ב' דשלישי בראשון פסול מדאורייתא והוא שיטת ר"ת ושיטת ה"ג מובא שם ברמ"א דהוא פסול מדרבנן.

5 רמב"ם הל' עדות פי"ג הל' ג'-ה', שו"ע חו"מ סי' ל"ג סעי' ב'.

6 רמב"ם הל' עדות פי"ג הל' ה', שו"ע חו"מ סי' ל"ג סעי' ב'.

7 רמב"ם הל' עדות פי"ג הל' א'. הקרובים דרך אישות פסולין מדבריהם. ועי"ש הל' ו' ובשו"ע חו"מ סי' ל"ג סעי' ג' דכל אשה שאתה פסול לה כך אתה פסול לבעלה וכל בעל שאתה פסול לו כך אתה פסול לאשתו.

8 רמב"ם הל' עדות פי"ג הל' ז'-ט', שו"ע חו"מ סי' ל"ג סעי' ד'.

OTHER SITUATIONS WHERE קְרוֹבִים CANNOT SERVE AS עֵדִים

(1) Two people who are related to each other may not act as עֵדִים in the same case.⁹

> Mr. Fein searches for two עֵדִים to testify that Berel broke his window. His neighbor and the neighbor's grandfather, who saw it happening, are prepared to testify. However, the two cannot testify together.

(2) An עֵד who is related to one of the דַּיָּנִים may not testify in front of that particular דַּיָּן.¹⁰

> One of the עֵדִים who saw Uriah damaging the shul furniture is a nephew of one of the דַּיָּנִים on the local בֵּית דִּין. Therefore, the case must be taken to a different בֵּית דִּין.

(3) A דַּיָּן is disqualified from judging a case involving his relative.¹¹ (See 3.2.)

(4) דַּיָּנִים who are related to each other may not officiate on the same בֵּית דִּין.¹²

---

9 שו"ע חו"מ סי' ל"ג סעי' י"ז.

10 שו"ע חו"מ סי' ז' סעי' ט', סי' ל"ג סעי' י"ז. ועי"ש בסמ"ע סי' ל"ג ס"ק כ"ו דיש מכשירים בדיני ממונות עדים הקרובים לדיינים.

11 שו"ע חו"מ סי' ז' סעי' ט'. עי' ערוה"ש שם סעי' י"ח.

12 שו"ע חו"מ סי' ז' סעי' ט'.

4.5

בַּעֲלֵי דָּבָר
Disqualification Due to Personal Involvement

A PERSON CANNOT SERVE AS an עֵד in a case which affects himself.

1. מַלְקוּת AND מִיתָה

One cannot testify that he himself committed an עֲבֵירָה which carries מִיתָה or מַלְקוּת.[1]

Yo'av admits in בֵּית דִּין that he was מְחַלֵּל שַׁבָּת. Although this is confirmed by one other עֵד, he is not חַיָּיב מִיתָה.

2. פָּסוּל לְעֵדוּת

Even an עֵדוּת about himself which would not result in punishment but would cause him to be פָּסוּל לְעֵדוּת[2] is not accepted.[3]

---

1 רמב"ם הל' סנהדרין פי"ח הל' ו'.

2 עי' רמב"ם הל טוען ונטען פ"ב הל' ג' ושו"ע חו"מ סי' ל"ד סעי' כ"ה וסי' צ"ב סעי' ה' דאע"פ דאינו נפסל לעדות ע"פ עצמו מ"מ אין ראוי לעשותו עד לכתחלה. עי' פתחי חושן הל' עדות פ"ב אות ס"ג מה הדין כשחבירו מבקש ממנו שיעיד לו אלא שהעד יודע בעצמו שהוא פסול לעדות זו אם מותר לו להעיד.

3 רמב"ם הל' עדות פ"ג הל' ז' ופי"ב הל' ב', שו"ע חו"מ סי' ל"ד סעי' כ"ה וסי' מ"ו סעי' ל"ז. עי' רש"י כתובות יט: ד"ה אעולה לא חתמי דמשמע אפילו כשלא נפסלים לעדות ע"י עדותן אינם נאמנים להרשיע את עצמם.

Mr. Silverman regularly lends money. One day, he goes together with his friend Binyamin to בֵּית דִּין *and discloses that occasionally he lends with interest. Their* עֵדוּת *is rejected and Mr. Silverman is not declared* פָּסוּל לְעֵדוּת*.*

3. גִּיטִּין AND קִדּוּשִׁין

The act of קִדּוּשִׁין[4] must take place in front of two עֵדִים כְּשֵׁרִים. The חָתָן cannot be one of the עֵדִים.

If a man divorces his wife, he must hand the גֵּט over to her[5] in front of two עֵדִים. He cannot be one of the עֵדִים. (See also 3.4, 7.2 and 7.5.)

4. מָמוֹנוֹת

A person cannot give עֵדוּת if he would get direct financial benefit from it.[6] This is referred to as נוֹגֵעַ בְּעֵדוּתוֹ (one who has an interest in his testimony).

Yehudah, an antiques collector who owns an old leather-bound רֹאשׁ הַשָּׁנָה מַחְזוֹר*, is flabbergasted when he sees one of the members of his shul taking it on* רֹאשׁ הַשָּׁנָה *afternoon without permission. Together with the* גַּבַּאי*, he follows the "borrower" to the river. Watching the "borrower" engrossed in saying* תַּשְׁלִיךְ*, they are horrified to see him lose his balance and drop the* מַחְזוֹר *into the fast-flowing river. Yehudah will not be able to testify in* בֵּית דִּין *(along with the* גַּבַּאי*) in order to obtain compensation.*

Furthermore, even if he will only derive an indirect gain from his עֵדוּת, he may not testify.[7]

---

4 רמב"ם הל' אישות פ"ד הל' ו', שו"ע אה"ע סי' מ"ב סעי' ב'. ועי"ש ברמ"א דיש מחמירין אם מקדש לפני עד אחד.

5 רמב"ם הל' גיטין פ"א הל' י"ג, שו"ע אה"ע סי' קל"ג סעי' א.

6 רמב"ם הל' עדות פט"ו הל' א', שו"ע חו"מ סי' ל"ז סעי' א'.

7 רמב"ם הל' עדות פט"ו ופט"ז, שו"ע חו"מ סי' ל"ז. ועי"ש בש"ך ס"ק א' וסמ"ע ס"ק א' האם הפסול הוא משום דאדם קרוב אצל עצמו או משום דחשדינן ליה למשקר.

A סֵפֶר תּוֹרָה was stolen from a shul. All the shul's members are disqualified from testifying against the suspected thief, because they would all benefit from the עֵדוּת.[8]

EXCEPTION TO THE RULES OUTLINED ABOVE

הוֹדָאַת בַּעַל דִּין כְּמֵאָה עֵדִים – The Admission of a Person Involved

If a person admits to a monetary obligation, either in בֵּית דִּין or in front of two עֵדִים, it is equivalent to עֵדִים testifying about the matter and he is liable to pay.[9]

Motty admits in front of two עֵדִים that he smashed Mr. Gold's shop window. The next day he denies having caused the damage. Nevertheless, בֵּית דִּין will obligate him to pay.

(A person is not obligated to pay a קְנָס unless he has been convicted by בֵּית דִּין. Until then there is no obligation to pay even if he himself admits his liability – see vol. II, 5.8.)

פַּלְגִינָן דִּיבּוּרָא – DIVIDING A STATEMENT

Although בֵּית דִּין does not accept a person's עֵדוּת concerning himself, if his statement also affects someone else, they will "divide" the עֵדוּת and accept it with regard to the other person. For example, if someone testifies (along with another עֵד) that he and another person jointly committed an עֲבֵירָה, the other person may still be punished or declared פָּסוּל לְעֵדוּת.[10]

Dov turns up in בֵּית דִּין together with another עֵד and they testify together that Mr. Silverman lent Dov money with interest. Although Dov's עֵדוּת is not accepted regarding himself, it is accepted regarding Mr. Silverman and he is now declared פָּסוּל לְעֵדוּת.

8 רמב"ם הל' עדות פט"ו הל' ב', שו"ע חו"מ סי' ל"ז סעי' י"ט.

9 רמב"ם הל' טוען ונטען פ"ז הל' א', שו"ע חו"מ סי' פ"א סעי' ח. עי' קצה"ח סי' ל"ד ס"ק ד' דלפי המהר"י ן' לב נאמנותו היא מתורת התחייבות והקצה"ח סובר דהיא מגזירת הכתוב דאדם נאמן על עצמו.

10 רמב"ם הל' עדות פי"ב הל' ב', שו"ע חו"מ סי' ל"ד סעי' כ"ו.

SECTION FIVE

שְׁבוּעוֹת – Oaths

5.1 שְׁבוּעוֹת – Introduction to Oaths

5.2 שְׁבוּעַת מוֹדֶה בְּמִקְצָת – An Oath Made by Someone Who Admits to Part of a Claim

5.3 שְׁבוּעַת עֵד אֶחָד – An Oath Imposed by a Single Witness

5.4 שְׁבוּעוֹת דְרַבָּנָן – Oaths Imposed by the Sages

5.5 שְׁבוּעַת הָעֵדוּת – An Oath of Testimony

5.6 שְׁבוּעַת הַפִּקָּדוֹן – An Oath Falsely Denying a Financial Obligation

5.7 שְׁבוּעַת בִּטוּי – An Oath of Expression

5.8 שְׁבוּעַת שָׁוְא – An Oath Made in Vain

5.9 Summary of the Various Oaths

שבועות / OATHS

5.1

שְׁבוּעוֹת

Introduction to Oaths

A PERSON IS REQUIRED TO ensure that whatever he says is true[1] and that he fulfills whatever he promises.

When a person makes a statement or promise in the form of a שְׁבוּעָה – which is done by adding the words 'שְׁבוּעָה בַּה (an oath in the name of Hashem) – it takes on an extra severity. Making a false שְׁבוּעָה or not fulfilling a שְׁבוּעָה can lead to punishment.

> □ The word שְׁבוּעָה can be substituted with any word in any language that has the equivalent meaning, for example, "I swear by the Name of Hashem that I do not owe you any money."[2]
>
> □ The Name of Hashem can be substituted with any other title referring to Hashem, for example, רִבּוֹנוֹ שֶׁל עוֹלָם.[3] Even if the Name of Hashem is omitted

---

1 עי' שערי תשובה לרבינו יונה שער שלישי אות קפ"א-קפ"ו. ועי' ספר חפץ חיים פתיחה עשיין עשה י"ג ובבאר מים חיים שם. עי' ספר החינוך מצוה ת"ז דהאומר דבר פלוני אעשה או לא אעשה שלא בלשון נדר ואיסור וקונמות אע"פ שהוא מכוער ולא יעשו כן רק פחותי הנפש בבני אדם אינו עובר בלא יחל אלא בענין שכתבנו ואמנם על הכל נאמר בתורה מדבר שקר תרחק.

2 רמב"ם הל' שבועות פ"ב הל' ה', שו"ע יו"ד סי' רל"ז סעי' א'. עי"ש ברמ"א דאין חילוק אם הוציא השבועה בלשון הקודש או בכל לשון שיאמרנה.

3 רמב"ם הל' שבועות פ"ב הל' ב'. עי' ש"ך יו"ד סי' רל"ז ס"ק ב' דאם הזכיר השם בלשון לעז מועיל.

completely,[4] the שְׁבוּעָה is still binding, but it does not have the severity of a regular שְׁבוּעָה.[5]

□ It is not necessary for the person to say the actual words of the שְׁבוּעָה. If someone else says the words and he answers אָמֵן, it is as if he said the שְׁבוּעָה himself.[6] (See also 7.10.)

THE TYPES OF שְׁבוּעוֹת ARE:

(1) שְׁבוּעַת מוֹדֶה בְּמִקְצָת

(2) שְׁבוּעַת עֵד אֶחָד

(3) שְׁבוּעוֹת דְרַבָּנָן

(4) שְׁבוּעַת הָעֵדוּת

(5) שְׁבוּעַת הַפִּקָּדוֹן

(6) שְׁבוּעַת בִּטּוּי

(7) שְׁבוּעַת שָׁוְא

(8) שְׁבוּעַת סוֹטָה (7.10)

(9) שְׁבוּעַת הַשּׁוֹמְרִים (vol. II, 4.6)

4 עי' שו"ע חו"מ סי' פ"ז סעי' י"ט די"א שבדורות אחרונים ביטלו שבועה בשם לפי שעונשה גדול.

5 רמב"ם הל' שבועות פ"ב הל' ד' דשבועת ביטוי ושבועת שוא ושבועת הפקדון ושבועת העדות שאמרם בלא שם יש איסור אבל אינו מביא קרבן ואינו לוקה עליהן. וע"ש בראב"ד.

6 רמב"ם הל' שבועות פ"ב הל' א', שו"ע יו"ד סי' רל"ז סעי' ב'.

5.2

שְׁבוּעַת מוֹדֶה בְּמִקְצָת
An Oath Made by Someone Who Admits to Part of a Claim

IN A FINANCIAL DISPUTE in which the defendant admits[1] to only part of a claim but denies the rest, he must make a שְׁבוּעָה to support his denial.[2] This שְׁבוּעָה, which is מִן הַתּוֹרָה,[3] is called שְׁבוּעַת מוֹדֶה בְּמִקְצָת.[4]

Yaakov claims that Noach broke ten bottles of wine belonging to him. Noach only admits to breaking six of them. He must pay the value of the six bottles and make a שְׁבוּעָה that he did not break the other four.

If the defendant is unwilling[5] to make this שְׁבוּעָה, he must pay the entire amount claimed.[6]

---

1 עי' רמב"ם ה' טוען ונטען פ"א הל' ג' ושו"ע חו"מ סי' פ"ח סעי' ז' דאם אין ההודאה ממין הטענה כגון טענו חיטים והודה לו בשעורים הוא פטור משבועת התורה. ועי"ש ובסי' פ"ז סעי' א' דאם נתנו מיד ואמר הילך ג"כ פטור משבועה זו.

2 רמב"ם הל' טוען ונטען פ"א הל' א', שו"ע חו"מ סי' ע"ה סעי' ב'.

3 רמב"ם הל' טוען ונטען פ"א הל' א', שו"ע חו"מ סי' פ"ז סעי' א'.

4 שבועת מודה במקצת נקרא ג"כ שבועת הדיינין. עי' תפארת ישראל שבועות פ"ו אות א'. ועי' רמב"ם הל' שבועות פי"א הל' ו'.

5 עי' רמב"ם הל' טוען ונטען פ"ד הל' ז' ושו"ע חו"מ סי' ע"ה סעי' י"ג דאם אומר חמשים ודאי יש לך בידי אבל חמשים איני יודע הרי הוא משלם.

6 רמב"ם הל' טוען ונטען פ"א הל' ד', שו"ע חו"מ סי' פ"ז סעי' ט'.

5.3

שְׁבוּעַת עֵד אֶחָד
An Oath Imposed by a Single Witness

IN A FINANCIAL DISPUTE between two people, the claimant cannot obtain payment without proof. That proof could be the testimony of two עֵדִים.[1]

If just one עֵד supports the claimant, although the defendant is not obligated to pay, he must make a שְׁבוּעָה to contradict the עֵדוּת of that עֵד. This שְׁבוּעָה is מִן הַתּוֹרָה.[2]

If the defendant is unwilling to make this שְׁבוּעָה – or does not know whether he is liable[3] – he must pay the amount claimed.[4]

> Chanoch claims that Zevulun's horse entered his garden and caused substantial damage. Zevulun disputes the claim. A passerby testifies in בֵּית דִּין that it was indeed Zevulun's animal that caused the damage. Zevulun must pay for the damage unless he makes a שְׁבוּעָה contradicting the passerby's עֵדוּת.

---

1 אבל מדרבנן בכה"ג הנתבע צריך לישבע שבועת היסת.

2 רמב"ם הל' טוען ונטען פ"א הל' א', שו"ע חו"מ סי' פ"ז סעי' א'. ושבועה זו גם נקראת שבועה להכחיש את העד.

3 וזה נקרא מתוך שאינו יכול לישבע משלם. עי' רמב"ם הל' טוען ונטען פ"ד הל' ז' ושו"ע חו"מ סי' ע"ה סעי' י"ד.

4 רמב"ם הל' טוען ונטען פ"א הל' ד'. שו"ע חו"מ סי' פ"ז סעי' ט'.

5.4

שְׁבוּעוֹת מִדְּרַבָּנָן
Oaths Imposed by the Sages

IN ADDITION TO THE שְׁבוּעוֹת listed above which are מִן הַתּוֹרָה, the חֲכָמִים instituted the following שְׁבוּעוֹת מִדְּרַבָּנָן:

1. שְׁבוּעַת הֶיסֵּת – AN OATH PLACED ON THE DEFENDANT

In a financial dispute, the claimant cannot force the defendant to pay without proof. Nevertheless, the חֲכָמִים[1] instituted that the defendant must make a שְׁבוּעָה if he denies the claim.[2] This שְׁבוּעָה is known as a שְׁבוּעַת הֶיסֵּת.[3]

Yerucham claims that Menachem borrowed $200 from him but has no proof of the loan. When Menachem denies the claim, the בֵּית דִּין instructs him to make a שְׁבוּעָה that he does not owe the money...

---

1 עי' רמב"ם הל' טוען ונטען פ"א הל' ג' דשבועת היסת תקנוה חכמי התלמוד. ועי' שבועות מה. תד"ה עקרוה דלא נתקנה שבועת היסת עד בימי רב נחמן. ועי' רש"י שבועות מח: ד"ה הא שאר דשבועת היסת תיקנוה בזמן רב נחמן. ועי' פני יהשע ב"מ ב. בא"ד ואינו נאמן זה דבכמה דוכתי משמע מלשון רש"י דשבועת היסת נתקנה בזמן המשנה ועי' שבועות מו. תד"ה בדרבנן.

2 רמב"ם הל' טוען ונטען פ"א הל' ג', שו"ע חו"מ סי' פ"ז סעי' א'. ועי' שבועות מא. תד"ה ומאן בענין אי בעינן דררא דממונא או לא. ועי"ש בהגהות מיימוניות.

3 עי' רש"י שבועות מ: ד"ה היסת דלשון שומא ששמו חכמים עליו שבועה. ועי' רש"י ב"מ ה. ד"ה היסת דשבועה שהסיתו חכמים לכך להסיתו להודות. עי' מאירי שבועות רפ"ו דהביא עוד כמה פירושים בלשון היסת.

(*Note:* If the defendant[4] is unsure whether he is חַיָּב or not, it is sufficient to state in his שְׁבוּעָה that he is uncertain of his obligation. For example, he says, "שְׁבוּעָה בַּה׳ I do not remember whether I ever borrowed money from you or not."[5])

מֵיפַּךְ שְׁבוּעָה (reversal of an oath) – If the defendant is neither willing to pay nor to make a שְׁבוּעָה,[6] he may request that the שְׁבוּעָה be imposed on the claimant. The claimant then makes a שְׁבוּעַת הֶיסֵּת that the defendant owes him money, following which the defendant must pay.[7]

...Menachem has a reputation for refraining from making שְׁבוּעוֹת. He does not wish to pay either. Therefore, he points at Yerucham and says: "You make a שְׁבוּעָה that I borrowed the money and I will repay you"...

If the claimant is also unwilling to make a שְׁבוּעָה, the defendant is פָּטוּר from payment.[8]

...Yerucham also refuses to make a שְׁבוּעָה. Therefore, Menachem does not pay, nor does he make a שְׁבוּעָה.

Note: The דִּין of מֵיפַּךְ שְׁבוּעָה only applies to שְׁבוּעַת הֶיסֵּת and not to any other שְׁבוּעָה.

2. שְׁבוּעַת הַנּוֹטְלִין – AN OATH MADE BY THE CLAIMANT

Although all שְׁבוּעוֹת in financial disputes should be made by the defendant, there are certain exceptions in which חֲזַ"ל do not rely on his שְׁבוּעָה. Instead, the claimant makes a שְׁבוּעָה after which the defendant

4 עי׳ רמב"ם הל׳ טוען ונטען פ"א הל׳ ז׳ ושו"ע חו"מ סי׳ ע"ה סעי׳ י"ז דאם התובע אינו ברי בתביעתו אלא שהוא חושד בחבירו שהוא חייב לו אז אין הנתבע חייב שבועת היסת. ועי"ש ברמ"א דבכה"ג אם יש רגלים לדבר שתביעת התובע היא אמת י"א שהנתבע חייב שבועת היסת.

5 רמב"ם הל׳ טוען ונטען פ"א הל׳ ח׳, שו"ע חו"מ סי׳ ע"ה סעי׳ ט׳. אבל בשבועה של תורה כשטוען איני יודע אינו נשבע אלא משלם.

6 עי׳ רמב"ם הל׳ טוען ונטען פ"א הל׳ ה׳, שו"ע חו"מ סי׳ פ"ז סעי׳ ט׳ דאם הנתבע לא רצה להשבע משמתין אותו שלשים יום אם לא בא ולא תבע נידויו מלקין אותו מכת מרדות וכו׳ ואין יורדין לנכסיו.

7 רמב"ם הל׳ טוען ונטען פ"א הל׳ ו׳, שו"ע חו"מ סי׳ פ"ז סעי׳ י"א.

8 עי׳ ערוה"ש חו"מ סי׳ פ"ז סעי׳ י"א דכתב ואם אין רצונך לישבע ישאר על דין תורה.

must pay him. This is known as שְׁבוּעַת הַנּוֹטְלִין. Two examples of such situations are:[9]

- שֶׁכְּנֶגְדּוֹ חָשׁוּד עַל הַשְּׁבוּעָה – When the defendant is not trustworthy, for example, he has made false שְׁבוּעוֹת in the past.
- שָׂכִיר – An employee who claims not to have received his wages from his employer. חֲזַ"ל assume that an employer is preoccupied with his business and may mistakenly think that he has paid. Therefore, the שְׁבוּעָה of the employer would not accepted; instead, the employee makes a שְׁבוּעָה and receives his wages.

3. נִשְׁבָּעִים שֶׁלֹּא בְטַעֲנָה – AN OATH MADE WHEN THE CLAIMANT HAS NO DEFINITE CLAIM

Although שְׁבוּעוֹת in financial disputes are only imposed when there is a definite claim, there are some exceptions, such as the שְׁבוּעָה of an אַפּוֹטְרוֹפּוֹס (guardian) appointed by בֵּית דִּין.[10]

Hillel died, leaving three young יְתוֹמִים (orphans). Chanan, his friend, has been appointed by בֵּית דִּין as an אַפּוֹטְרוֹפּוֹס to manage their possessions until they grow up. Chanan will then be obligated to make a שְׁבוּעָה that he did not keep any of the assets entrusted to him, even if the יְתוֹמִים have no definite claim against him.

9 רמב"ם הל' טוען ונטען פ"א הל' ב', שו"ע חו"מ סי' פ"ט סעי' א'. ועי' מלאכת שלמה שבועות פ"ז מ"א שלשים הן הנשבעין ונוטלין וכו'.

10 רמב"ם הל' שלוחין ושותפין פ"ט הל' א', שו"ע חו"מ סי' צ"ג סעי' א'. והם השותפין האריסין האפוטרופין האשה הנושאת והנותנת בתוך הבית ובן הבית.

5.5

שְׁבוּעַת הָעֵדוּת
An Oath of Testimony

When someone asks two people to testify on his behalf[1] in a financial dispute – for example, that someone else damaged his possessions – they must comply and testify in בֵּית דִּין. (See 3.5.)

If they claim not to have witnessed the incident[2] but the claimant maintains that this is untrue, he may ask them to make a שְׁבוּעָה that they are indeed unable to testify. The עֵדִים are not obligated to comply.[3] However, if they do[4] and the שְׁבוּעָה is false,[5] they transgress the לָאו of שְׁבוּעַת הָעֵדוּת.[6]

1 עי׳ רמב״ם הל׳ שבועות פ״ט הל׳ ו׳ דאין העדים חייבים בשבועת העדות עד שיכפרו וישבעו אחר תביעת בעל הדין.

2 עי׳ רמב״ם הל׳ שבועות פ״ט הל׳ ב׳ דאין העדים חייבים בשבועת העדות עד שיכפרו בעדותן בבית דין ואע״פ שנשבעו חוץ לבית דין.

3 עי׳ ב״י חו״מ ריש סימן כ״ח דהביא תשובות הרשב״א שכתב לא מצינו שיכול אדם להשביע עדיו אם יודעים לו עדות אלא שאם השביען וכפרו חייבים קרבן. ועי׳ תפארת ישראל שבועות פ״ו אות א׳ דשבועת ביטוי ועדות ופקדון לא חייבוהו הדיינין לשבע.

4 עי׳ רמב״ם הל׳ שבועות פ״ט הל׳ י״ד דשבועת העדות יש בו משום שבועת ביטוי ולכן במקום שהוא פטור משבועת העדות הוא חייב משום שבועת ביטוי.

5 עי׳ רמב״ם הל׳ שבועות פ״א הל׳ י״ב דאינה נקראת שבועת העדות אלא אם כן נשבעו לשקר.

6 ויקרא ה:א — ושמעה קול אלה והוא עד או ראה או ידע אם לוא יגיד ונשא עונו.

THE CONSEQUENCES OF MAKING A שְׁבוּעַת עֵדוּת

עֵדִים who made a שְׁבוּעַת עֵדוּת must each bring a קָרְבָּן עוֹלֶה וְיוֹרֵד (variable offering – see 2.10).[7]

From the back row of the בֵּית הַמִּדְרָשׁ, Shabsai and Tzvi see Yishai lending his beautifully embroidered טַלִּית to Kehos. When asked for it to be returned, Kehos denies borrowing it. Yishai, who is searching for עֵדִים, asks Shabsai and Tzvi to come forward, but they deny knowledge of the matter. Yishai, who is convinced that they were present, presses them to make a שְׁבוּעָה that they did not see it happening. They finally agree to make a שְׁבוּעָה. A few days before יוֹם הַכִּפּוּרִים, they regret their wrongdoing and admit that their שְׁבוּעָה was false. They must bring a קָרְבָּן עוֹלֶה וְיוֹרֵד.

If the עֵדִים forgot that they saw the incident and therefore made the false שְׁבוּעָה unintentionally, they are פָּטוּר from bringing a קָרְבָּן.[8]

7 רמב"ם הל' שבועות פ"א הל' י"ב י"ג. ועי"ש דגם בשגגת השבועה הוא חייב כגון שנעלם ממנו שחייבין עליה קרבן וידע ששבועה זו אסורה ושהיא שקר.

8 רמב"ם הל' שבועות פ"א הל' י"ג דהרי הם אנוסין וכמו כן אם לא ידעו ששבועה זו היא אסורה הרי אלו אנוסין.

5.6

שְׁבוּעַת הַפִּקָּדוֹן

An Oath Falsely Denying a Financial Obligation

If someone has a financial claim against another person, and that person falsely denies the claim, he has transgressed the לָאו of לֹא תְכַחֲשׁוּ.[1] If the defendant makes a שְׁבוּעָה (even voluntarily[2]) to support his denial, and this שְׁבוּעָה is false, he also transgresses the לָאו of לֹא תְשַׁקְּרוּ.[3] This false שְׁבוּעָה is called שְׁבוּעַת הַפִּקָּדוֹן.[4]

Note:

- Any שְׁבוּעָה in a financial dispute such as a שְׁבוּעַת מוֹדֶה בְּמִקְצָת, שְׁבוּעַת עֵד אֶחָד, שְׁבוּעַת הֶיסֵּת or שְׁבוּעַת הַשּׁוֹמְרִים which is made falsely is classed as שְׁבוּעַת הַפִּקָּדוֹן.[5]
- The term פִּקָּדוֹן refers to an item that has been deposited for safekeeping. This שְׁבוּעָה is equally applicable to denial of any other financial claim.

---

1 ויקרא יט:יא.

2 עי' תפארת ישראל שבועות פ"ו אות א' דשבועת ביטוי ועדות ופקדון לא חייבוהו הדיינין לשבע.

3 ויקרא יט:יא. עי' מנחת חינוך מצוה רכ"ו אות א' דלפי הפרשת דרכים עובר ג"כ על לא תשבעו בשמי לשקר.

4 ויקרא ה:כ-כו, רמב"ם הל' שבועות פ"א הל' ח'-י"א.

5 רמב"ם הל' שבועות פי"א הל' כ'.

IF THE DEFENDANT ADMITS

If after making this שְׁבוּעָה the defendant admits[6] that he swore falsely and that he does owe the claimant, he must:[7]

(a) Return the קֶרֶן (i.e., the object or its value); and
(b) Pay the claimant a חוֹמֶשׁ (i.e., an additional quarter of the value, which is a fifth of the total payment); and
(c) Bring a קָרְבַּן אֲשַׁם גְּזֵלוֹת (guilt offering for theft – see 2.10).

Note:

- These obligations apply whether the שְׁבוּעָה was made בְּשׁוֹגֵג[8] or בְּמֵזִיד.
- If עֵדִים testify that the defendant owes the claimant, but the defendant still denies it, he only pays the קֶרֶן.[9]

Ehud claims that Peretz found his silver walking stick, worth 300 dinar. Peretz denies this claim. To support his denial, he makes a שְׁבוּעָה saying, "'שְׁבוּעָה בָּהּ that I did not find your stick." Later, Peretz admits that he had indeed found it. Peretz must return the stick (or its value), pay an additional 75 dinar, and bring a קָרְבָּן.

IF THE CLAIMANT HAS DIED

What is the דִּין if, after the claimant has died, the defendant admits liability?

1. The defendant must return the קֶרֶן and חוֹמֶשׁ to the יוֹרְשִׁים of the claimant.[10]
2. גֶּזֶל הַגֵּר – If the claimant is a גֵּר who has no יוֹרְשִׁים, the קֶרֶן and חוֹמֶשׁ are given to the כֹּהֲנִים[11] of the מִשְׁמָר (group) who are serving in the בֵּית הַמִּקְדָּשׁ at the time of repayment.[12] (The כֹּהֲנִים are divided into 24 מִשְׁמָרוֹת, each of which serve in the בֵּית הַמִּקְדָּשׁ for one week at a time.)

---

6 עי' רמב"ם הל' גזילה ואבידה פ"ז הל' ח' דאין הנשבע על כפירת ממון משלם חומש ומביא קרבן עד שיודה מעצמו.

7 רמב"ם הל' שבועות פ"א הל' ט' והל' גזילה ואבידה פ"ז הל' א'.

8 עי' רמב"ם הל' שבועות פ"א הל' י' י"א דשגגת שבועת הפקדון היא כגון שנעלם אם חייבים עליה קרבן או לא אבל אם שכח שיש לו אצלו ממון וכפר ונשבע ואחר כך ידע הרי זה אנוס ופטור.

9 רמב"ם הל' גזילה ואבידה פ"ז הל' ח'.

10 רמב"ם הל' גזילה ואבידה פ"ח הל' א'.

11 רמב"ם הל' גזילה ואבידה פ"ח הל' ה'. ועי"ש הל' ד' מה הדין אם זקף עליו הכל מלוה ואחר כך מת הגר.

12 מנחת חינוך מצוה קכ"ט אות ט"ו.

5.7

שְׁבוּעַת בִּטּוּי
An Oath of Expression

A שְׁבוּעָה WHICH A PERSON chooses to make of his own accord is called a שְׁבוּעַת בִּטּוּי, as follows:[1]

שְׁבוּעַת בִּטּוּי לְהַבָּא – AN OATH OF EXPRESSION ABOUT THE FUTURE

If a person declares that he will, or will not, do something, and uses the words שְׁבוּעָה בַּה׳, he has made a שְׁבוּעַת בִּטּוּי לְהַבָּא.[2] For example:

(a) "שְׁבוּעָה בַּה׳ I will enter this building tomorrow."

(b) "שְׁבוּעָה בַּה׳ I will not enter this building tomorrow."

שְׁבוּעַת בִּטּוּי לְשֶׁעָבַר – AN OATH OF EXPRESSION ABOUT THE PAST

If a person makes a declaration that an incident happened, or did not happen, and he uses the words שְׁבוּעָה בַּה׳, he has made a שְׁבוּעַת בִּטּוּי לְשֶׁעָבַר.[3] For example:

(a) "שְׁבוּעָה בַּה׳ I entered this building yesterday."

(b) "שְׁבוּעָה בַּה׳ I did not enter this building yesterday."

---

1 עי׳ ויקרא ה:ד או נפש כי תשבע לבטא בשפתים להרע או להיטיב לכל אשר יבטא האדם בשבעה ונעלם ממנו והוא ידע ואשם לאחת מאלה.

2 רמב״ם הל׳ שבועות פ״א הל׳ א׳ ב׳, שו״ע יו״ד סי׳ רל״ו סעי׳ א׳.

3 שם.

Note:

- ☐ A שְׁבוּעַת בִּטּוּי לְהַבָּא can only relate to one's own actions. A שְׁבוּעַת בִּטּוּי לְשֶׁעָבַר could also relate to someone else's actions or to a certain event, for example, "שְׁבוּעָה בַּה' Moshe did not enter this building yesterday," or "שְׁבוּעָה בַּה' it rained yesterday."
- ☐ One should not make a שְׁבוּעָה without a valid reason even if the statement is true.[4]

MAKING A FALSE שְׁבוּעַת בִּטּוּי לְשֶׁעָבַר

(a) בְּשׁוֹגֵג – If בְּשׁוֹגֵג one makes a false שְׁבוּעַת בִּטּוּי לְשֶׁעָבַר, he brings a קָרְבָּן עוֹלֶה וְיוֹרֵד (see 2.10).[5]

(b) בְּמֵזִיד – If בְּמֵזִיד one makes a false שְׁבוּעַת בִּטּוּי לְשֶׁעָבַר, he receives מַלְקוּת.[6]

(Although speech is not normally regarded as a מַעֲשֶׂה and one does not receive מַלְקוּת for a לַאו שֶׁאֵין בּוֹ מַעֲשֶׂה, the לַאו of שְׁבוּעַת שֶׁקֶר is one of the exceptions to this rule – see 2.5.)

TRANSGRESSING A שְׁבוּעַת בִּטּוּי לְהַבָּא

(a) בְּשׁוֹגֵג – If בְּשׁוֹגֵג one transgresses a שְׁבוּעַת בִּטּוּי לְהַבָּא, he brings a קָרְבָּן עוֹלֶה וְיוֹרֵד (see 2.10).[7]

(b) בְּמֵזִיד – If one makes a שְׁבוּעַת בִּטּוּי לְהַבָּא not to do something, and בְּמֵזִיד he did do it, he receives מַלְקוּת.[8] However, if one makes a שְׁבוּעָה to

4 עי' משנה נדרים ט. ובפירוש ר"ן ורש"י שם.

5 רמב"ם הל' שבועות פ"א הל' ג'. עי' פ"ג הל' ז' דשגגת שבועת ביטוי לשעבר היא כגון שידע ששבועה זו אסורה אבל לא ידע שחייבין עליה קרבן עולה ויורד.

6 רמב"ם הל' שבועות פ"א הל' ג' ופ"ד הל' כ"א.

7 רמב"ם הל' שבועות פ"א הל' ג'. עי' פ"ג הל' ח' דשגגת שבועת ביטוי להבא היא כגון שנשבע שלא יאכל פת חיטים ושגג ודמה שנשבע שיאכל פת חיטים ואכלה.

8 רמב"ם הל' שבועות פ"א הל' ג' ופ"ד הל' כ"א. עי' מכות טז. דמשמע דצריך התראה לפני עשיית המעשה.

do something, and בְּמֵזִיד he did not do it, he is פָּטוּר from מַלְקוּת (see footnote).⁹

(See 6.5 and 6.6 that under certain circumstances a שְׁבוּעָה can be annulled. For the minimum age at which a person can make a שְׁבוּעָה, refer to 6.4.)

---

9   רמב"ם הל' שבועות פ"ד הל' כ' . שהרי לא עשה מעשה ואף על פי שעבר על שבועת שקר לבסוף בשעת שבועה עדיין לא עבר שהרי היה בידו לקיים השבועה משא"כ בשבועת ביטוי לשעבר כבר בשעת אמירת השבועה היתה השבועה באיסור.

5.8

שְׁבוּעַת שָׁוְא
An Oath Made in Vain

A שְׁבוּעָה MADE IN VAIN is called a שְׁבוּעַת שָׁוְא. There are four categories of שְׁבוּעַת שָׁוְא:[1]

(1) **A שְׁבוּעָה which is obviously untrue** – for example, "שְׁבוּעָה בַּה' this person (a man) is a woman."

(2) **A שְׁבוּעָה which is obviously true** – for example, "שְׁבוּעָה בַּה' this (a tree) is a tree."

(3) **A שְׁבוּעָה not to keep a certain מִצְוָה** – for example, "שְׁבוּעָה בַּה' I will not put on תְּפִילִין this month." (This is a שְׁבוּעַת שָׁוְא since one is prohibited from fulfilling the שְׁבוּעָה)

(4) **A שְׁבוּעָה to do something impossible** – for example,"שְׁבוּעָה בַּה' I will neither eat nor drink for an entire month."

THE CONSEQUENCES OF MAKING A שְׁבוּעַת שָׁוְא

One who makes a שְׁבוּעַת שָׁוְא transgresses the לַאו of לֹא תִשָּׂא אֶת שֵׁם ה' אֱלֹקֶיךָ לַשָּׁוְא.[2]

---

1 רמב"ם הל' שבועות פ"א הל' ד'-ז', שו"ע יו"ד סי' רל"ו סעי' ד' ה'.

2 שמות כ:ז (עשרת הדברות).

(a) If done בְּמֵזִיד, one receives מַלְקוּת.[3]

(b) If done בְּשׁוֹגֵג,[4] the person is not punished.[5]

(Although speech is not normally regarded as a מַעֲשֶׂה, and one does not receive מַלְקוּת for a לַאו שֶׁאֵין בּוֹ מַעֲשֶׂה, the לַאו of שְׁבוּעַת שָׁוְא is one of the exceptions to this rule – see 2.5.)

3 רמב"ם הל' שבועות פ"א הל' ז'.

4 עי' רמב"ם הל' שבועות פ"ג הל' ו' דשוגג משכח"ל כגון שנשבע שלא ילבש תפילין ולא ידע שהתפילין מצוה.

5 רמב"ם הל' שבועות פ"א הל' ז'.

5.9

Summary of the Various Oaths

THE DIFFERENT TYPES OF שְׁבוּעוֹת discussed throughout this section can be summerized as follows:

1. שְׁבוּעוֹת IMPOSED BY בֵּית דִּין IN A CASE OF A FINANCIAL DISPUTE

- Those which are מִן הַתּוֹרָה and are imposed on the defendant – שְׁבוּעַת מוֹדֶה בְּמִקְצָת, שְׁבוּעַת עֵד אֶחָד, and שְׁבוּעַת הַשּׁוֹמְרִים (vol. II, 4.6).
- Those which are מִדְּרַבָּנָן and are imposed on the defendant – שְׁבוּעַת הֶיסֵּת and נִשְׁבָּעִים שֶׁלֹּא בְּטַעֲנָה.
- A שְׁבוּעָה which is מִדְּרַבָּנָן and is imposed on the claimant – שְׁבוּעַת הַנּוֹטְלִין.

The above שְׁבוּעוֹת – with the exception of שְׁבוּעַת הֶיסֵּת – require נְקִיטַת חֵפֶץ, meaning that the person holds a sacred object such as a סֵפֶר תּוֹרָה while making the שְׁבוּעָה.[1]

- When the financial claim is regarding שְׁטָרוֹת, עֲבָדִים, קַרְקָעוֹת, or הֶקְדֵּשׁוֹת, there is no obligation to make a שְׁבוּעָה מִן הַתּוֹרָה. (However, שְׁבוּעַת הֶיסֵּת could still apply.)[2]

1 רמב"ם הל' טוען ונטען פ"א הל' ב' ג', שו"ע חו"מ סי' פ"ז סעי' י"ג.

2 רמב"ם הל' טוען ונטען פ"ה הל' א', שו"ע חו"מ סי' צ"ה סעי' א'. ועי"ש דעל כולן נשבעין שבועת היסת חוץ מן ההקדשות.

- גִּלְגּוּל שְׁבוּעָה – If someone is obliged to make a שְׁבוּעָה, the claimant can extend this obligation to other claims for which normally a שְׁבוּעָה would not be made.[3]

> Shimon and Ezriel appear in בֵּית דִּין. Shimon claims that Ezriel injured his horse. He is supported by one עֵד. Ezriel will have to make a שְׁבוּעָה מִן הַתּוֹרָה to deny this claim. Shimon also claims that Ezriel has not yet paid him for the plot of land that he bought from him. Through גִּלְגּוּל שְׁבוּעָה Shimon can request that Ezriel also make a שְׁבוּעָה מִן הַתּוֹרָה that he does not owe the money for the land.

2. שְׁבוּעוֹת NOT RELATED TO A FINANCIAL DISPUTE

- שְׁבוּעַת בִּטּוּי – a שְׁבוּעָה made by a person on his own accord.
- שְׁבוּעַת סוֹטָה – a שְׁבוּעָה imposed by בֵּית דִּין on a woman suspected of זְנוּת. (7.10)

3. FORBIDDEN שְׁבוּעוֹת

- שְׁבוּעַת הָעֵדוּת – a false שְׁבוּעָה denying witnessing an incident.
- שְׁבוּעַת הַפִּקָּדוֹן – a false שְׁבוּעָה made in a financial dispute.
- שְׁבוּעַת שָׁוְא – a שְׁבוּעָה made in vain.

---

3 רמב"ם הל' טוען ונטען פ"א הל' י"ב, שו"ע חו"מ סי' צ"ד סעי' א'.

SECTION SIX

נְדָרִים — Vows

6.1　נִדְרֵי אִסּוּר – Vows

6.2　נִדְרֵי הֶקְדֵּשׁ וְנִדְרֵי מִצְוָה – Vows for Holy Purposes

6.3　נְזִירוּת – Laws of a Nazir

6.4　Vows Made by Minors

6.5　הַתָּרַת נְדָרִים – Annulment of Vows

6.6　הֲפָרַת נְדָרִים – Cancellation of Vows Made by One's Wife or Daughter

6.1

נִדְרֵי אִסּוּר
Vows

THE תּוֹרָה GIVES A person the power to create אִסּוּרִים on various objects through verbal declarations called נִדְרֵי אִסּוּר. For example, by saying, "לֶחֶם זֶה אָסוּר עָלַי" ("This bread is forbidden to me"), he may not benefit from it.

Through a נֶדֶר, a person can forbid his own object either to himself or to others. Furthermore, he can forbid to himself an object not belonging to him. However, he cannot forbid an object not belonging to himself to anyone else.[1]

> Moshe declares, "The apples growing in my orchard are forbidden to all people living in our village." The נֶדֶר is valid and nobody, including himself, may benefit from his apples. The next day he says, "The apples growing in Shimon's orchard are forbidden to me." The נֶדֶר is valid, and he may not benefit from Shimon's apples. However, when he declares that Shimon's apples are forbidden to all the people of the neighboring village, the נֶדֶר does not take effect.

---

1 עי' ר"ן נדרים ב. ד"ה כל.

If a person knowingly benefits from an object which became forbidden[2] through a נֶדֶר, he receives מַלְקוּת.[3]

(*Note*: Although the תּוֹרָה empowers a person to make נְדָרִים, one should not make נְדָרִים without a valid reason.[4])

ALTERNATIVE FORMAT OF MAKING נִדְרֵי אִסּוּר

הַתְּפָסָה (association) – הַתְּפָסָה is an alternative format of making a נֶדֶר.[5] It is done by associating an object with another forbidden object.[6] For example, by saying, "לֶחֶם זֶה עָלַי כְּקָרְבָּן" ("This bread is like a קָרְבָּן to me"), the אִסּוּר הֲנָאָה (prohibition of benefit) that applies to a קָרְבָּן will apply to the bread as well.

(*Note*: הַתְּפָסָה can only be done by associating the item with דָּבָר הַנָּדוּר – something which is forbidden through a נֶדֶר – such as a קָרְבָּן.[7] It cannot be done by associating the item with דָּבָר הָאָסוּר – something which is forbidden for other reasons – such as a נְבֵלָה.[8] Therefore, saying, "לֶחֶם זֶה עָלַי כְּקָרְבָּן" would be a valid נֶדֶר, but saying "לֶחֶם זֶה עָלַי כִּנְבֵלָה" would not be a valid נֶדֶר.)

Alternative wording can also be valid for making נִדְרֵי אִסּוּר:

- □ כִּינּוּיִם (alternative terms) – For instance, in a place where the word קוֹנָם is used to refer to a קָרְבָּן, the sentence "לֶחֶם זֶה קוֹנָם עָלַי" would be a valid נֶדֶר.[9]

---

2 הנהנה מדבר שנאסר עליו בנדר ע"י אחר לפי הר"ן נדרים טו. ד"ה הלכה זה שנהנה לוקה אבל לפי הרמב"ם פ"י הל' י"ג הנודר לוקה. ועי"ש בכ"מ.

3 רמב"ם הל' נדרים פ"א הל' ה'. עי' מנחת חינוך מצוה ת"ז אות ז'.

4 רמב"ם הל' נדרים פי"ג הל' כ"ג כ"ד, שו"ע יו"ד סי' ר"ג. עי"ש סעי' ה' דבעת צרה מותר לנדור. עי' ירושלמי נדרים פ"ט הל' א' לא דייך מה שאסרה לך התורה אלא שאתה מבקש לאסור עליך דברים אחרים.

5 עי' ערוה"ש יו"ד סי' ר"ד סעי' ח'. עי' משנה למלך הל' נדרים פ"א הל' ז' דהביא דברי הר"ן שבועות (פ"ג ח.) דעיקר הנדר הוא ע"י התפסה ובלא התפסה הוא מדין יד והר"ן נדרים ב. כתב דבין כשיאמר דבר זה אסור עלי ובין שהתפיסו בדבר אחר זהו נדר האמור בתורה. ודברי הר"ן סותרים אלו את אלו.

6 רמב"ם הל' נדרים פ"א הל' ז', שו"ע יו"ד סי' ר"ד סעי' א' ב'.

7 עי' ר"ן נדרים ב. ד"ה כל.

8 רמב"ם הל' נדרים פ"א הל' ח', שו"ע יו"ד סי' ר"ה סעי' א'.

9 רמב"ם הל' נדרים פ"א הל' ט"ז, שו"ע יו"ד סי' ר"ז סעי' א'.

Similarly, in a place where the word שְׁבוּתָה is taken to mean שְׁבוּעָה, using that word would be valid as a שְׁבוּעָה.[10]

- ☐ יָדוֹת (partial declarations, lit. handles) – In situations in which the person's wording is incomplete but his intention is clear, the נֶדֶר is still valid. For example, if someone sees a נָזִיר and simply says: "אֶהְיֶה" ("I will be"), he becomes a נָזִיר, as it is clear that he is referring to that נָזִיר and therefore means to say that he too accepts נְזִירוּת.[11]

THE DIFFERENCE BETWEEN נִדְרֵי אִסּוּר AND שְׁבוּעוֹת

So far we have discussed two ways of making a verbal commitment: (a) through נִדְרֵי אִסּוּר; or (b) through a שְׁבוּעַת בִּטּוּי לְהַבָּא (an oath of expression for the future, as explained in 5.8).

The fundamental difference between a נֶדֶר and a שְׁבוּעָה is that a נֶדֶר is an אִסּוּר חֶפְצָא (the object becomes forbidden), whereas a שְׁבוּעַת בִּטּוּי לְהַבָּא is an אִסּוּר גַּבְרָא (a commitment applying to the person).[12]

The Practical Differences between a נֶדֶר and a שְׁבוּעָה[13]

(1) **A commitment to do an act** – A שְׁבוּעָה can commit someone to do a certain act or to refrain from doing it. By contrast, a נֶדֶר cannot commit a person to take any positive action. (It can only forbid someone from benefiting.)

(2) **Transgressing a מִצְוָה** – A שְׁבוּעָה not to do a מִצְוָה is invalid because a person cannot commit himself to do something in violation of the תּוֹרָה. For example, "שְׁבוּעָה בַּה' I will not sit in any סוּכָּה" is not valid,

10 רמב"ם הל' שבועות פ"ב הל' ה', שו"ע יו"ד סי' רל"ז סעי' י'.

11 רמב"ם הל' נזירות פ"א הל' ו'.

12 נדרים ב.

13 עי' רמב"ם הל' נדרים פ"ג כל הדברים שיש בין נדרים לשבועת ביטוי.

and the person will still be allowed to sit in a סוּכָּה. By contrast, a נֶדֶר forbidding benefit from any סוּכָּה is valid, as it applies to objects, rather than to an act.

(3) **A commitment involving someone else** – A שְׁבוּעָה relates to one's own actions and cannot be used to restrict someone else. In contrast, by making a נֶדֶר, one can forbid his own object to someone else.

(4) **Forbidding something intangible** – A נֶדֶר can only be made on a tangible object; therefore, "Musical sounds are forbidden to me" would not be a valid נֶדֶר.[14] By contrast, a שְׁבוּעָה can apply to something intangible. Therefore, "שְׁבוּעָה בַּה' I will not listen to music" would be a valid שְׁבוּעָה.

---

14 רמב"ם הל' נדרים פ"ג הל' י"ב דמ"מ אין מורין לו שינהוג בהן היתר אלא פותחין לו פתח ממקום אחר ומתירין לו נדרו.

6.2

נִדְרֵי הֶקְדֵּשׁ וְנִדְרֵי מִצְוָה
Vows for Holy Purposes

A PERSON CAN MAKE A נֶדֶר to commit himself to bring a קָרְבָּן, donate something to הֶקְדֵּשׁ, or contribute for a מִצְוָה. Such commitments are categorized as follows:[1]

1. נִדְרֵי מִזְבֵּחַ – VOWS TO BRING A קָרְבָּן

A נֶדֶר מִזְבֵּחַ is made in either of the following two ways:[2]

(a) נֶדֶר (a vow) – A person verbally commits himself to bring a קָרְבָּן, for example, by saying, "הֲרֵי עָלַי עוֹלָה" ("I will bring an עוֹלָה"). None of his animals[3] actually become הֶקְדֵּשׁ yet. He fulfills his נֶדֶר by being מַקְדִּישׁ an animal and having it sacrificed as a קָרְבָּן.

> Zechariah says, "הֲרֵי עָלַי עוֹלָה." The next day, he takes the first step towards fulfilling his נֶדֶר by selecting one of his cows and being מַקְדִּישׁ it…

The נֶדֶר is not fulfilled until the קָרְבָּן is actually sacrificed. Therefore, if the animal dies or is lost, he must replace it.[4]

---

1 עי' נדרים ר"ן ב. ד"ה כל דנדרי הקדש הוא מקדיש לבדק הבית או למזבח.
2 רמב"ם הל' נדרים פ"א הל' ב' והל' מעשה הקרבנות פי"ד הל' ד'. דהיינו עולה שלמים או מנחה.
3 או מנחה.
4 רמב"ם הל' מעשה הקרבנות פי"ד הל' ה'.

...On the way to יְרוּשָׁלַיִם, the cow dies. Since Zechariah is bound by a נֶדֶר, he goes to the cattle market and buys another animal.

(b) **נְדָבָה** (a gift) – A person chooses an animal and is מַקְדִּישׁ it, for example, by saying, "הֲרֵי זוֹ עוֹלָה" ("This is an עוֹלָה"). The animal immediately becomes הֶקְדֵּשׁ, and he must sacrifice it. Since he only obligates himself to bring that specific animal, if it dies or gets lost he does not have to replace it.[5]

Yochanan chooses a sheep from his flock and says, "הֲרֵי זוֹ עוֹלָה." The next day, he sees it lying lifeless in the field. Since it was a נְדָבָה, he does not have to bring another animal.

Note:

- One can only make נִדְרֵי מִזְבֵּחַ for voluntary קָרְבָּנוֹת such as an עוֹלָה, שְׁלָמִים, or מִנְחָה.[6] It does not apply to compulsory קָרְבָּנוֹת such as a חַטָּאת or an אָשָׁם.[7]
- As mentioned above (6.1), regular נְדָרִים are אִסּוּרֵי חֶפְצָא. However, נִדְרֵי הֶקְדֵּשׁ are obligations which a person accepts upon himself.

2. נִדְרֵי בֶּדֶק הַבַּיִת – DONATIONS FOR THE UPKEEP OF THE בֵּית הַמִּקְדָּשׁ

A person can obligate himself to donate either money or a specific item[8] to הֶקְדֵּשׁ,[9] which will then go to בֶּדֶק הַבַּיִת[10] (upkeep and repair of the בֵּית הַמִּקְדָּשׁ).

5 שם.

6 רמב"ם הל' נדרים פ"א הל' ב' והל' מעשה הקרבנות פי"ד הל' ד'.

7 רמב"ם הל' מעשה הקרבנות פי"ד הל' ח'.

8 עי' רמב"ם הל' ערכין וחרמין פ"ה הל' ה' דאסור להקדיש בהמה טהורה תמימה לבדק הבית.

9 עי' תפארת ישראל פתיחה למס' ערכין דשלשה מיני הקדשות הן לאוצר בדק הבית הקדש אדם והקדש שדה והקדש בית בהמה או דבר המטלטל. עי' רמב"ם הל' ערכין פ"א הל' א' דהערכין הם נדר מכלל נדרי הקדש. ועי' מנחת חינוך מצוה תקע"ה.

10 עי' רמב"ם הל' ערכין וחרמין פ"ב הל' י"ב דכלי שנמצא בו צורך לבדק הבית מניחין אותו והשאר נמכרין ודמיהן נופלין ללשכת בדק הבית. עי' רבינו גרשום ערכין כד. סתם הקדש לבדק הבית מקום שבא כולו לה' לבנין ואין ממנו הנאה לא לכהנים ולא למזבח.

3. נְדְרֵי מִצְוָה – VOWS FOR THE PURPOSE OF A מִצְוָה

One can[11] make a נֶדֶר to give money or a specific item to צְדָקָה, which must then be given to a poor person.[12] Alternatively, one can make a נֶדֶר to give money for a בֵּית הַכְּנֶסֶת or for the purpose of תַּלְמוּד תּוֹרָה.

(*Note:* נִדְרֵי בֶּדֶק הַבַּיִת and נִדְרֵי מִצְוָה can be made either in the form of a נֶדֶר – an undertaking to give something at a later stage – or in the form of a נְדָבָה – a dedication of a specific object, which becomes הֶקְדֵּשׁ immediately.[13])

It is a מִצְוַת עֲשֵׂה to fulfill one's נִדְרֵי הֶקְדֵּשׁ before the next יוֹם טוֹב (festival) of the שָׁלֹשׁ רְגָלִים. If one delays it for more than three רְגָלִים, he transgresses the לֹא תְּאַחֵר of בַּל תְּאַחֵר.[14]

11 עי' שו"ע יו"ד סי' ר"ג סעי' ד' דאם פוסקים צדקה וצריך לפסוק עמהם יאמר בלא נדר.

12 רמב"ם הל' מתנות עניים פ"ח הל' א', שו"ע יו"ד סי' רנ"ז הל' ג'.

13 כן משמע מלשון הרמב"ם הל' מתנות עניים פ"ח הל' א' ושו"ע יו"ד סי' רנ"ז הל' ג'.

14 רמב"ם הל' מעשה הקרבנות פי"ד הל' י"ג. עי"ש דאינו עובר עד שיעברו עליו רגלי השנה כולו. עי' רמב"ם הל' מתנות עניים פ"ח הל' א' דבנדרי צדקה חייב ליתנה לעניים מיד ואם איחר חייב בלא תאחר לשלמו שהרי בידו ליתן מיד והעניים מצויין הן. ועי' מנחת חינוך מצוה תקע"ד.

6.3

נְזִירוּת
Laws of a Nazir

A PERSON[1] CAN MAKE A נֶדֶר to become a נָזִיר. This is done by saying,[2] "הֲרֵינִי נָזִיר." He must now keep the מִצְוֹת of נְזִירוּת (lit., a state of separation), which are as follows:[3]

(a) **הַיּוֹצֵא מִן הַגֶּפֶן** – He may not drink wine or grape juice, nor may he consume grapes or anything derived from them, such as seeds, peels, raisins, or wine vinegar.[4]

(b) **גַּדֵּל פֶּרַע** – He must allow the hair of his head to grow. It is forbidden for him or anyone else to remove any of it.[5]

(c) **טוּמְאָה** – He must make sure not to become[6] טָמֵא מֵת, for example by touching a dead person or entering a בֵּית הַקְּבָרוֹת.

---

1 עי' רמב"ם הל' נזירות פ"ב הל' י"ז דנשים ועבדים (כנענים) יש להם נזירות.

2 ע' רמב"ם הל' נזירות פ"א הל' א' דנזירות היא מכלל נדרי איסור.

3 רמב"ם הל' נזירות פ"ה הל' א'.

4 רמב"ם הל' נזירות פ"ה הל' ב'.

5 רמב"ם הל' נזירות פ"ה הל' י"א-י"ד. ועי"ש הל' י"א דאינו לוקה אא"כ קצצה מעיקרה ועע"ש דגם המגלח לוקה. עי' שו"ת הרשב"א ח"א סי' ת"ז דמסתברא דמותר בתספורת זקנו. ועי' ספר פרדס יוסף פ' נשא אות רי"א דהביא זוה"ק דחייב לגדל גם זקנו.

6 עי' רמב"ם הל' נזירות פ"ה הל' ט"ז דנזיר טמא אסור לטמא את עצמו עוד פעם.

THE LENGTH OF THE נְזִירוּת

(a) If, when accepting the נְזִירוּת, the נָזִיר specifies a length of time, he is a נָזִיר for that time span.[7]

(b) A נְזִירוּת must last for a minimum of thirty days. Therefore, if he specifies a period of less than thirty days, he is still a נָזִיר for thirty days.[8]

(c) If he does not specify a length of time, his נְזִירוּת lasts for thirty days.[9]

□ נְזִיר עוֹלָם – Someone who says, "I am a נְזִיר עוֹלָם" will remain a נָזִיר his entire life. If his hair grows heavy, he may trim it, at intervals of twelve months.[10]

□ נְזִיר שִׁמְשׁוֹן – Someone who says, "I am a נָזִיר like שִׁמְשׁוֹן" is a נָזִיר for the rest of his life and may not cut his hair at all. He is, however, allowed to become טְמֵא מֵת.[11]

□ קְטַנִּים – A קָטָן who has reached the age of making נְדָרִים (6.4) can accept נְזִירוּת upon himself. A father[12] accepts נְזִירוּת for his son while he is a קָטָן.[13]

ENDING THE נְזִירוּת

After being a נָזִיר for the appropriate time, he finishes his נְזִירוּת as follows:

(a) **קָרְבָּנוֹת** – He brings three קָרְבָּנוֹת: A כִּבְשָׂה as a חַטָּאת; a כֶּבֶשׂ as an עוֹלָה;

7 רמב"ם הל' נזירות פ"ג הל' ג'.

8 רמב"ם הל' נזירות פ"ג הל' ב'.

9 רמב"ם הל' נזירות פ"ג הל' א'.

10 רמב"ם הל' נזירות פ"ג הל' י"ב. וכשמגלח הוא מביא קרבנותיו שלש בהמות. ועי"ש הל' י"א דאם אמר הריני נזיר לעולם או הריני נזיר כל ימי חיי הרי זה נזיר לעולם ואינו מגלח ואפילו אם הכביד שערו.

11 רמב"ם הל' נזירות פ"ג הל' י"ג י"ד.

12 עי' רמב"ם הל' נזירות פ"ב הל' י"ג דאין האשה מדרת את בנה בנזיר.

13 רמב"ם הל' נזירות פ"ב הל' י"ג. עי' תפארת ישראל נזיר פ"ד אות כ"ח.

and an אַיִל as a שְׁלָמִים, accompanied by ten חַלּוֹת and ten רְקִיקִין (two types of non-חָמֵץ bread).[14]

(b) **תִּגְלַחַת טָהֳרָה** – Subsequently he shaves off[15] all the hair of his head in the עֶזְרַת נָשִׁים of the בֵּית הַמִּקְדָּשׁ.[16] The hair is then burned in the fire which is being used to cook the שְׁלָמִים.[17]

From then on he is permitted once again to drink wine, cut his hair,[18] and become טְמֵא מֵת.[19]

TRANSGRESSING THE מִצְוֹת OF נְזִירוּת

(a) **נָזִיר טָמֵא** – A נָזִיר who becomes טְמֵא מֵת,[20] (even בְּאוֹנֶס, a situation beyond his control),[21] is classified as a נָזִיר טָמֵא and the following דִינִים apply to him: [22]

- □ He must continue keeping the הֲלָכוֹת of נְזִירוּת.
- □ He undergoes the טָהֳרָה process for טוּמְאַת מֵת (see בַּמִּדְבָּר יט:יז-יט).
- □ He shaves off[23] all the hair of his head (this is known as תִּגְלַחַת טוּמְאָה).
- □ He brings one bird as an עוֹלָה, another bird as a חַטָּאת, and a כֶּבֶשׂ as an אָשָׁם.
- □ All the days which he has already kept are disregarded and he

14 רמב"ם הל' נזירות פ"ח הל' א' ב'.

15 עי' רמב"ם הל' נזירות פ"ח הל' ו' דצריך לגלח בתער דוקא.

16 רמב"ם הל' נזירות פ"ח הל' ג'.

17 רמב"ם הל' נזירות פ"ח הל' ב'.

18 עי' תיו"ט נזיר פ"ו מ"ט.

19 רמב"ם הל' נזירות פ"ח הל' ד'.

20 עי' רמב"ם הל' נזירות פ"ז הל' א'-ח' דיש טמאות מן המת שאין הנזיר מגלח עליהן ולא סותר את הקודמין.

21 רמב"ם הל' נזירות פ"ו הל' ג'.

22 רמב"ם הל' נזירות פ"ו הל' ג' י"א.

23 עי' רמב"ם הל' נזירות פ"ו הל' י"ד דתגלחת טומאה אינה צריכה להיות בעזרת נשים, ושערו טעון קבורה.

must therefore restart his entire period of נְזִירוּת.[24]

(b) If a נָזִיר consumes produce of the vine or shaves his hair,[25] he does not restart his נְזִירוּת.[26]

(c) A נָזִיר who בְּמֵזִיד transgresses any of the מִצְוֹת of נְזִירוּת receives מַלְקוּת.[27]

(נְזִירוּת is subject to the הֲלָכוֹת of הַתָּרַת נְדָרִים[28] and הֲפָרַת נְדָרִים.[29] For details, refer to 6.5 and 6.6.)

---

24 רמב"ם הל' נזירות פ"ו הל' ג'.

25 עי' רמב"ם הל' נזירות פ"ו הל' א' דאם נתגלח רוב ראשו הרי זה סותר שלשים יום עד שיהיה לו פרע ואח"כ מתחיל למנות.

26 רמב"ם הל' נזירות פ"ו הל' א'.

27 בענין היוצא מן הגפן: עי' רמב"ם הל' נזירות פ"ה הל' ב'. ועי"ש פ"א הל' ב' דלוקה שתים מלקיות. בענין גדל פרע: עי' פ"ה הל' י"א. עי"ש דאפילו על שערה אחת לוקה. ועע"ש דאחד המגלח ואחד המתגלח לוקה. ועי' מנחת חינוך מצוה שע"ג אות ג' דאין המתגלח לוקה אא"כ סייע למגלח. ועי"ש פ"א הל' ב' דלוקה שתים. בענין טומאה: עי' פ"ה הל' ט"ו. ועי"ש הל' כ"א דלוקה ארבע מלקיות.

28 רמב"ם הל' נזירות פ"ב הל' א'.

29 רמב"ם הל' נזירות פ"ב הל' י"ז.

6.4

Vows Made by Minors

GENERALLY, A CHILD'S ACTIONS have no halachic validity until he or she reaches גַּדְלוּת (maturity). For a boy, this is at age thirteen; for a girl, at age twelve (see 1.2 and 9.1).[1] However, regarding נְדָרִים and שְׁבוּעוֹת the דִּין is as follows:[2]

A) קָטָן – A CHILD

A child cannot make binding נְדָרִים until one year before גַּדְלוּת.[3]

> *Nine-year-old Yochanan owns a bottle of wine. He says: "This wine is forbidden to me." His נֶדֶר is not valid...*

B) מוּפְלָא הַסָּמוּךְ לְאִישׁ – A NEAR-ADULT WHO IS ABLE TO EXPRESS HIMSELF

From one year before גַּדְלוּת (twelve for a boy and eleven for a girl) until reaching גַּדְלוּת, a child is assessed as to whether he or she understands the meaning of a נֶדֶר. If he or she does, the נֶדֶר is valid; otherwise it is not valid.[4]

---

1 עי' רמב"ם הל' אישות פ"ב הל' א' י' דהיינו דוקא אם הביאו סימנים.

2 רמב"ם הל' נדרים פי"א הל' א'. וה"ה נדרי הקדש. עי' הל' נזירות פ"ב הל' י"א דה"ה לענין נזירות.

3 רמב"ם הל' נדרים פי"א הל' ג'.

4 רמב"ם הל' נדרים פי"א הל' א', שו"ע יו"ד סי' רל"ג סעי' א'. דהיינו שיודעים לשם מי נדרו.

...When reaching the age of twelve, Yochanan says, "All my possessions are forbidden to my uncle." Since Yochanan does not yet understand the meaning of a נֶדֶר, his uncle is allowed to benefit from Yochanan's possessions...

C) גָּדוֹל – AN ADULT

Once a person has reached גַּדְלוּת, his נְדָרִים are valid, even if he or she does not understand the meaning of a נֶדֶר.[5]

...When reaching the age of thirteen, Yochanan makes a נֶדֶר forbidding his box of pomegranates to himself and his older brother. Although he still does not seem to fully understand what he is saying, the נֶדֶר is valid and neither of them may benefit from the fruit.

(*Note*: Since the נֶדֶר of a מוּפְלָא הַסָּמוּךְ לְאִישׁ – who understands its meaning – is fully binding, a גָּדוֹל who transgresses it will be punished.[6] The מוּפְלָא הַסָּמוּךְ לְאִישׁ is not punishable for transgressing it;[7] if he transgresses it after becoming a גָּדוֹל, he is punishable.)

---

5 עי' רמב"ם הל' נדרים פי"א הל' ג', ואע"פ שלא הביאו ב' שערות. ועי' ביאור הגר"א יו"ד סי' רל"ג ס"ק ד' דהביא דעת החולקים דבלא ב' שערות לא הוי גדול ונדריהם נבדקים.

6 רמב"ם הל' נדרים פי"א הל' ה'.

7 רמב"ם הל' נדרים פי"א הל' ד'.

6.5

הַתָּרַת נְדָרִים
Annulment of Vows

IN SOME SITUATIONS A person can have his נְדָרִים and שְׁבוּעוֹת[1] annulled, when there is a valid reason to do so.[2]

He approaches either a יָחִיד מוּמְחֶה[3] (expert) or a panel of three הֶדְיוֹטוֹת (ordinary knowledgeable men)[4] and informs them[5] of his נֶדֶר,[6] explaining why he would like it to be annulled.[7] If there are valid grounds to annul the נֶדֶר, they will say, "מוּתָּר לָךְ" ("You are permitted") three times,[8] after which the נֶדֶר is annulled.[9]

---

1 עי' ט"ז יו"ד סי' ר"ג ס"ק ג' דיש גאונים דס"ל דלשבועה אין מועיל התרה. עי' ערוה"ש יו"ד סי' ר"ג הל' א' דהתראה לא מהני על מה שהוא מושבע מאחרים.

2 רמב"ם הל' שבועות פ"ו הל' א' והל' נדרים פ"ד הל' ה', שו"ע יו"ד סי' ר"ל סעי' א'. עי"ש רמ"א דמ"מ לא ישאל עליו לכתחלה אלא מדוחק.

3 עי' רש"י במדבר ל:ב.

4 עי' פתחי תשובה יו"ד סי' רכ"ח ס"ק א' די"א דגם במקום שיש מומחה יכולים ג' הדיוטות להתיר.

5 עי' שו"ע יו"ד סי' רכ"ח סעי' י"ד דכשיפרוט לאחד מהמתירין סגי.

6 רמב"ם הל' שבועות פ"ו הל' ה', שו"ע יו"ד סי' רכ"ח סעי' י"ד.

7 עי' שו"ע יו"ד סי' רכ"ח סעי' י"ד דצריך לפרט הסיבה שבשבילה נדר. ועי"ש ש"ך ס"ק כ"ה.

8 רמב"ם הל' שבועות פ"ו הל' ה', שו"ע יו"ד סי' רכ"ח סעי' ג'. עי"ש ש"ך ס"ק ו' דבחד זימנא נמי סגי אלא עושין כן כדי לחזק הענין.

9 עי' כתובות עד: דחכם עוקר את הנדר מעיקרו.

VALID GROUNDS FOR ANNULMENT

A נֶדֶר can be annulled in the following circumstances:[10]

(a) חֲרָטָה (regret) – The person regrets having made the נֶדֶר in the first place.

> In the midst of a heated argument, Shimon made a נֶדֶר forbidding his neighbor from benefiting from any of his possessions. The next day, having calmed down, he calls together three people and explains to them that he made the נֶדֶר out of anger and he now regrets it. They accept this as grounds to annul the נֶדֶר.

(b) פֶּתַח (opening) – There is a certain negative consequence of the נֶדֶר of which he was not aware when making it and, had he realized, he would not have made the נֶדֶר.[11]

> Chananya makes a נֶדֶר in which he forbids himself from having הֲנָאָה from meat and wine for the next thirty days. Just before יוֹם טוֹב, he realizes that his נֶדֶר will prevent him from enjoying the יוֹם טוֹב properly. Based on this, the חָכָם annuls the נֶדֶר.

Note:

- The panel of three הֶדְיוֹטוֹת does not have the same requirements of a regular בֵּית דִּין. They may be related to the person who made the נֶדֶר as well as to each other.[12]
- Nowadays, since we do not have a יָחִיד מוּמְחֶה who can do הַתָּרָה on his own, it is only done by three הֶדְיוֹטוֹת.[13]
- As mentioned (6.1), one should refrain from making נְדָרִים without a valid reason. If one made a נֶדֶר, it is correct to request הַתָּרָה where possible. (An exception is נִדְרֵי הֶקְדֵּשׁ, where it is preferable to fulfill the נֶדֶר.[14])

---

10 עי' ר"ן נדרים כא: ד"ה אין חכם וערוה"ש יו"ד סי' רכ"ח הל' י"ז-י"ט.

11 רמב"ם הל' שבועות פ"ו הל' י"א. ועי"ש הל' י"ב ובשו"ע יו"ד סי' רכ"ח סעי' י"ב דאין פותחין בנולד.

12 רמב"ם הל' שבועות פ"ו הל' ו', שו"ע יו"ד סי' רכ"ח סעי' ג'. עי"ש דמתירין בלילה ובשבת.

13 שו"ע יו"ד סי' רכ"ח סעי' א'.

14 רמב"ם הל' נדרים פי"ג הל' כ"ה, שו"ע יו"ד סי' ר"ג סעי' ג'. וע' ערוה"ש סי' ר"ג הל' ו' דנדרי הקדש מצוה לקיימן ולא ישאל עליהן אלא מדוחק.

6.6

הֲפָרַת נְדָרִים
Cancellation of Vows Made by One's Wife or Daughter

THERE ARE SITUATIONS WHEN נְדָרִים and שְׁבוּעוֹת made by a girl or woman can be cancelled by her father or husband.¹ This can be done without her knowledge or agreement. This is known as הֲפָרַת נְדָרִים, and depends on several factors:

A. THE STATUS OF THE GIRL OR WOMAN

1. A פְּנוּיָה – Unmarried Girl or Woman

(a) If she is a קְטַנָּה or a נַעֲרָה, her father can cancel her נְדָרִים (see 6.4 for when the נְדָרִים of a קְטַנָּה are valid).

> Eleven-year-old Serach makes a נֶדֶר forbidding all meat to herself. Her father hears her making the נֶדֶר and cancels it on that day…

(b) Once she is a בּוֹגֶרֶת, her father can no longer cancel her נְדָרִים.²

---

1 רמב"ם הל' נדרים פי"א הל' ו'. והטעם הוא מפני שהיא ברשותם.
2 רמב"ם הל' נדרים פי"א הל' ז', שו"ע יו"ד סי' רל"ד סעי' א'.

2. An אֲרוּסָה – A Woman in the First Stage of Marriage

(a) The נְדָרִים of an אֲרוּסָה who is a קְטַנָּה[3] or a נַעֲרָה, need to be cancelled by both her father and her husband.[4]

(b) Once she is a בּוֹגֶרֶת, they may not cancel her נְדָרִים.[5]

...A month later, Chananel performs קִדּוּשִׁין with Serach. A few weeks after that, she makes another נֶדֶר, this time forbidding all vegetables to herself. When asked why she is not eating properly, she tells people about her נֶדֶר. Her father and Chananel cancel the נֶדֶר...

3. A נְשׂוּאָה — A Married Woman

Regardless as to whether she is a קְטַנָּה, נַעֲרָה, or בּוֹגֶרֶת, her husband has the sole power to cancel her נְדָרִים.[6] (See 7.3.)

...A year later,[7] the נִישּׂוּאִין takes place. Soon after that, Serach makes yet another נֶדֶר, this time forbidding the use of a particular winter coat. Since Chananel would like her to wear it, he cancels the נֶדֶר...

(A פְּנוּיָה is an unmarried girl; an אֲרוּסָה is a woman in the first stage of marriage; a נְשׂוּאָה is a woman who has completed the marriage process, through the חוּפָּה ceremony. See 7.1 for further explanation. A קְטַנָּה is a girl up to the age of twelve years; a נַעֲרָה is a girl between the ages of twelve[8] and twelve and a half; a בּוֹגֶרֶת is a girl of twelve and a half years and older.[9] For more details, refer to 9.1.)

---

3 עי' ר"ן נדרים סו: ד"ה נערה המאורסה דה"ה נמי דבת י"א שנה שנדריה נבדקים דאב וארוס מפירין נדריה.

4 רמב"ם הל' נדרים פי"א הל' ט', שו"ע יו"ד סי' רל"ד סעי' ה'. ואם הפר האחד לבדו אינו מופר.

5 עי' ר"ן נדרים סו: ד"ה נערה המאורסה דארוסה בוגרת אין מיפר לה לא האב ולא הארוס.

6 רמב"ם הל' נדרים פי"א הל' ח', שו"ע יו"ד סי' רל"ד סעי' ב'.

7 עי' כתובות נז. דבזמן המשנה היה הפסק זמן של י"ב חודש בין האירוסין והנישואין אבל בזמנינו מקדשין וכונסין לאלתר. עי' ר"ן ריש כתובות ד"ה לאלתר וערוה"ש אה"ע סי' נ"ו כעי' י"א.

8 כשהביאה סימנים.

9 רמב"ם הל' אישות פ"ב הל' א' ב'.

B. THE TYPE OF נֶדֶר

The husband can only cancel certain types of נְדָרִים:[10]

1. עִינּוּי הַנֶּפֶשׁ – Those That Cause Her Discomfort

...The נֶדֶר preventing Serach from eating vegetables was of עִינּוּי הַנֶּפֶשׁ. Therefore, it could be cancelled...

2. דְּבָרִים שֶׁבֵּינוֹ לְבֵינָהּ – Those That Affect Their Relationship

...The נֶדֶר regarding the coat would have annoyed Chananel. Therefore, he was allowed to cancel it...

(Regarding הֲפָרַת נְדָרִים done by the father, there are varying opinions as to whether he can cancel all נְדָרִים[11] or only those of עִינּוּי הַנֶּפֶשׁ.[12])

C. RESTRICTIONS RELATED TO TIME

The father and husband can only cancel the נֶדֶר at certain times:

1. בְּיוֹם שָׁמְעוֹ – On the Day He Hears about It

The נֶדֶר can only be cancelled by the father or husband[13] on the day they hear about it.[14]

...Serach's father acted wisely in cancelling the נֶדֶר in which she forbade meat on the day he heard about it. Had he waited until the next day, he would have been unable to do so...

10 רמב"ם הל' נדרים פי"ב הל' א', שו"ע יו"ד סי' רל"ד סעי' נ"ה.

11 רמב"ם הל' נדרים פי"ב הל' א'.

12 עי' שו"ע יו"ד סי' רל"ד סעי' נ"ח.

13 עי' שו"ע יו"ד סי' רל"ד סעי' ה' דבנדרי ארוסה אם שמע אחד היום והפר ושמע השני ביום אחר אינו יכול להפר ויש אומרים שכל אחד מפר ביום שמעו.

14 רמב"ם הל' נדרים פי"ב הל' ט"ו ט"ז, שו"ע יו"ד סי' רל"ד סעי' כ"א. ועי"ש דאינה מעת לעת.

...Although Serach's father and husband were unaware of her נֶדֶר *forbidding vegetables on the day that she made it, since they cancelled it as soon as they heard of it, the* הֲפָרַת נְדָרִים *is valid.*

2. אֵין הַבַּעַל מֵפֵר בְּקוֹדְמִין – A Husband Cannot Cancel Pre-existing Vows

After the נִשּׂוּאִין, a husband cannot cancel those נְדָרִים which his wife made before the נִשּׂוּאִין, even if he was not aware of them at the time of the נִשּׂוּאִין.[15]

(Apart from the הֲפָרַת נְדָרִים by the father or husband detailed above, a girl or woman may achieve annulment of her own נְדָרִים by means of הַתָּרַת נְדָרִים[16] – see 6.5.)

15 רמב"ם הל' נדרים פי"א הל' כ', שו"ע יו"ד סי' רל"ד סעי' י'.

16 עי' נזיר כב: מסקנת הגמ' דבעל מיגז גייז ועי' כתובות עד: דחכם עוקר את הנדר מעיקרו. ופשוט דאין צריך פתח או חרטה בהפרת נדרים כמו שצריך בהתרת נדרים.

SECTION SEVEN

Marriage and Divorce

7.1 The Various Statuses of a Woman

7.2 קִדּוּשִׁין – The First Stage of Marriage

7.3 נִשּׂוּאִין – The Second Stage of Marriage

7.4 נְדוּנְיָא – Assets Which the Woman Brings to the Marriage

7.5 גֵּירוּשִׁין – Divorce

7.6 עֵדוּת אִשָּׁה – Testimony Permitting a Woman to Remarry

7.7 יִבּוּם – Marrying the Wife of One's Deceased Brother

7.8 חֲלִיצָה – Release from the Obligation of Yibum

7.9 The Laws of Yibum When There Is More than One Wife or Brother

7.10 The Laws of a Married Woman Who Committed Adultery

7.1

The Various Statuses of a Woman

THE דִּינִים OF A woman during the various stages of her life, i.e., before, during, and after marriage, are discussed in this section. These stages are as follows:

(1) **פְּנוּיָה** – An Unmarried Woman

From birth until marriage a woman is a פְּנוּיָה.[1]

(2) **אֲרוּסָה** – A Woman in the First Stage of Marriage

Once a man performs קִדּוּשִׁין with her, she becomes an אֲרוּסָה (see 7.2).

(3) **נְשׂוּאָה** – A Fully Married Woman

When the man performs נִשּׂוּאִין with her, she becomes a נְשׂוּאָה (see 7.3).

(4) **גְּרוּשָׁה** – A Divorcée

If the husband of an אֲרוּסָה or נְשׂוּאָה divorces her, she becomes a גְּרוּשָׁה. She returns to the status of פְּנוּיָה and may marry someone else (see 7.5).

1 עי' רמב"ם הל' אישות פ"א הל' ד' דכל הבועל אשה לשם זנות בלא קידושין לוקה מן התורה לפי שבעל קדשה. ועי"ש בראב"ד דאין קדשה אלא מזומנת והיא המופקרת לכל אדם אבל המיחדת עצמה לאיש אחד אין בה לא מלקות ולא איסור לאו והיא הפילגש. ועי' מנחת חינוך מצוה תק"ע דגם לפי הסוברים בדעת הרמב"ם דאינו עובר בלאו אלא במופקרת לכך מ"מ בכל פנויה עובר בעשה דכי יקח איש אשה. עי' רמב"ם הל' איסורי ביאה פ"ד הל' א' ושו"ע יו"ד סי' קפ"ג דהבא על אשה שלא טבלה לנדתה אפילו פנויה חייבים כרת.

(5) אַלְמָנָה – A Widow

If the husband of an אֲרוּסָה or a נְשׂוּאָה dies, she becomes an אַלְמָנָה. She returns to the status of פְּנוּיָה and may marry someone else.[2]

(*Note*: If a married man died without children, his brother must perform יִבּוּם or חֲלִיצָה with the אַלְמָנָה. Until then she is a שׁוֹמֶרֶת יָבָם and may not marry anyone else – see 7.7.)

(A גְּרוּשָׁה and אַלְמָנָה may not marry certain relatives of their former husband[3] – see 8.2. A גְּרוּשָׁה may not marry a כֹּהֵן and an אַלְמָנָה may not marry a כֹּהֵן גָּדוֹל – see 8.4. For the הֲלָכָה of מַחֲזִיר גְּרוּשָׁתוֹ, refer to 7.5.)

---

2   קידושין ב.

3   עי' רמב"ם הל' איסורי ביאה פ"ב הל' א' דקרובי בעלה נשארים עליה בחיוב מיתה בין אחר מיתת בעליהן ובין שנתגרשו.

7.2

קִדּוּשִׁין
The First Stage of Marriage

MARRIAGE CONSISTS OF TWO separate stages, the first of which is קִדּוּשִׁין[1] (also known as אֵרוּסִין[2]).

When a man performs קִדּוּשִׁין with a פְּנוּיָה, she becomes an אֲרוּסָה and has the status of an אֵשֶׁת אִישׁ[3] (8.5), which prohibits anyone else[4] from marrying her.[5]

WAYS TO PERFORM קִדּוּשִׁין

קִדּוּשִׁין can be performed in any of the following ways:[6]

(a) כֶּסֶף – The man gives the woman money, or an item worth at least one פְּרוּטָה, and says to her, "הֲרֵי אַתְּ מְקֻדֶּשֶׁת לִי בָּזֶה".[7]

---

1 עי' קידושין ב: דהוא לשון הֶקְדֵּשׁ דהיא אסורה על כל העולם כהקדש.
2 עי' ר"ן ריש כתובות וערוה"ש אה"ע סי' נ"ו סעי' י"א. והאירוסין שעושין בזמנינו הם רק הסכם לעשות את הקידושין ונישואין בזמן המוסכם ביניהם.
3 רמב"ם הל' אישות פ"א הל' ג'.
4 עי' רמב"ם הל' אישות פ"י הל' א' ושו"ע אה"ע סי' נ"ה סעי' א' דהארוסה אסורה לבעלה ומכין אותו מכת מרדות ואפילו אם קידשה בביאה אסור לו לבא עליה ביאה שניה עד שישאנה. ועי' רמב"ם הל' איסורי ביאה פ"ד הל' א' ושו"ע יו"ד סי' קפ"ג דאם היא לא טבלה לנדתה חייבים כרת.
5 רמב"ם הל' אישות פ"ד הל' י"ב, שו"ע אה"ע סי' י"ז סעי' א'.
6 רמב"ם הל' אישות פ"א הל' ב', שו"ע אה"ע סי' כ"ו סעי' ד'.
7 רמב"ם הל' אישות פ"ג הל' א', שו"ע אה"ע סי' כ"ז סעי' א'.

(b) שְׁטָר – He gives her a document which states, "הֲרֵי אַתְּ מְקֻדֶּשֶׁת לִי."[8]
(c) בִּיאָה.[9]

VALIDITY OF קִדּוּשִׁין

In order for קִדּוּשִׁין to be valid:

- The man must be a גָּדוֹל.[10]
- The woman accepting קִדּוּשִׁין must be a גְּדוֹלָה.[11]
- It must be done with her consent.[12]
- There must be two עֵדִים observing the קִדּוּשִׁין take place (see 3.3).[13]

ACCEPTING קִדּוּשִׁין FOR ONE'S DAUGHTER

A father has the power to accept קִדּוּשִׁין for his daughter while she is a קְטַנָּה or a נַעֲרָה.[14] In such a case, the man gives the כֶּסֶף or שְׁטָר to the girl's father who keeps it. The girl's consent is not required.[15]

(*Note*: Nevertheless, חֲזַ"ל advise against a father marrying off his daughter while she is a קְטַנָּה; he should rather wait until she grows up and is able to decide whom to marry.[16] For a description of קְטַנָּה and נַעֲרָה, refer to 9.1. For details of קִדּוּשִׁין for a קְטַנָּה and נַעֲרָה, refer to 9.2. For יִעוּד with an אָמָה עִבְרִיָּה, refer to vol. II, 8.5.)

---

8 רמב"ם הל' אישות פ"ג הל' ג'-ד', שו"ע אה"ע סי' ל"ב סעי' א'. ועי"ש דצריך לכתוב אותו לשמה. ועי"ש במ"מ דהביא דעת הרשב"א דצריך שיזכיר בו שמות האיש והאשה כגט.

9 רמב"ם הל' אישות פ"ג הל' ה', שו"ע אה"ע סי' ל"ג סעי' א'.

10 רמב"ם הל' אישות פ"ד הל' ז', שו"ע אה"ע סי' מ"ג סעי' א'.

11 רמב"ם הל' אישות פ"ג הל' י"ב, שו"ע אה"ע סי' ל"ז סעי' ב'.

12 רמב"ם הל' אישות פ"ד הל' א', שו"ע אה"ע סי' מ"ב סעי' א'.

13 רמב"ם הל' אישות פ"ג הל' א' ג' ה' ופ"ד הל' ו', שו"ע אה"ע סי' כ"ז סעי' א' וסי' ל"ב סעי' א' וסי' ל"ג סעי' א' וסי' מ"ב סעי' ב'.

14 עי' רמב"ם הל' אישות פ"ז הל' ט"ז דהאב יכול לקבל קידושין אם תלד אשתו נקבה משהוכר העובר. ועי"ש בראב"ד דסובר דאינה מקודשת.

15 רמב"ם הל' אישות פ"ג הל' י"א, שו"ע אה"ע סי' ל"ז סעי' א'.

16 רמב"ם הל' אישות פ"ג הל' י"ט, שו"ע אה"ע סי' ל"ז סעי' ח'. וע"ש ברמ"א.

קִדּוּשִׁין THROUGH A שָׁלִיחַ

A man can appoint a שָׁלִיחַ (agent) to perform קִדּוּשִׁין on his behalf.[17] Similarly, a woman (or her father[18] in the case of a קְטַנָּה or נַעֲרָה) can appoint a שָׁלִיחַ to accept קִדּוּשִׁין for her.[19]

---

17 רמב"ם הל' אישות פ"ג הל' י"ד, שו"ע אה"ע סי' ל"ה סעי' א'.
18 עי' רמב"ם הל' אישות פ"ג הל' י"ד ושו"ע אה"ע סי' ל"ז סעי' ז' דאומר אדם לבתו הקטנה צאי וקבלי קידושיך.
19 רמב"ם הל' אישות פ"ג הל' י"ד, שו"ע אה"ע סי' ל"ו סעי' א'.

7.3

נִשּׂוּאִין
The Second Stage of Marriage

THE SECOND STAGE OF marriage is called נִשּׂוּאִין (also known as כְּנִיסָה לְחוּפָּה).[1] There are different opinions as to how נִשּׂוּאִין is done.[2] Two of these are:[3]

- The man and woman stand under a חוּפָּה (canopy)[4] while the בִּרְכּוֹת נִשּׂוּאִין are said.
- The man and woman stay secluded in a room for a short while (יִחוּד) for the purpose of נִשּׂוּאִין.

---

1 עי' כתובות נז. דבזמן המשנה היה הפסק זמן של י"ב חודש בין האירוסין והנישואין ובתקופה ההיא היא אשת איש. אבל בזמנינו מקדשים בעת הנישואין.

2 בענין עדי נישואין עי' אבני נזר סי' שצ"ה דאינם מעכבים ועי' אבני מילואים סי' ל"ח ס"ק י"ז דמעכבים.

3 ויש כמה שיטות בענין כניסה לחופה:
- עי' רמב"ם הל' אישות פ"י הל' א' ושו"ע אה"ע סי' נ"ה סעי' א' דיחוד זה הוא הנקרא כניסה לחופה.
- עי' ר"ן ריש כתובות ד"ה או שפירסה נדה די"א דחופה היינו כל שהביאה הבעל מבית אביה לביתו לשם נישואין.
- עי' ב"י אה"ע סי' ס"א דהביא דעת העיטור דחופה הוא שמוסרה האב ומכניסה בבית שיש בו חידוש כגון סדינים המצויירין.
- עי' ב"י אה"ע סי' ס"א די"א שהסודר שפורסים על ראש החתן והכלה בשעת הברכה זהו חופה.
- עי' דרישה יו"ד סי' שמ"ב דהביא דעת המרדכי דמה שמכסין ראש הכלה שחרית מקרי חופה.

4 המנהג ע"פ רמ"א אה"ע סי' נ"ה סעי' א'.

Through נִשּׂוּאִין the marriage is complete[5] and the status of the woman changes from אֲרוּסָה to נְשׂוּאָה.[6]

(In former times there would be a gap of up to one year between these two stages. Nowadays, נִשּׂוּאִין is performed immediately following קִדּוּשִׁין.[7])

OBLIGATIONS OF THE HUSBAND

From after נִשּׂוּאִין the husband has the following obligations to his wife:[8]

(1) **שְׁאֵר**– To provide her with food.[9]

(2) **כְּסוּת** – To provide her with clothing.[10]

(3) **עוֹנָה** – To fulfill his marital obligations.[11]

The above obligations are מִן הַתּוֹרָה; the following are מִדְּרַבָּנָן:

(4) **כְּתוּבָּה** – If the marriage ends through גֵּירוּשִׁין (or his death) he (or his estate) will pay her:[12]

(a) 200 **זוז** – If she was a **בְּתוּלָה** (not married previously) when he married her.

(b) 100 **זוז** – If she was an **אַלְמָנָה** or **גְּרוּשָׁה** when he married her.[13]

5 רמב"ם הל' אישות פ"י הל' ב'. עי' הל' איסורי ביאה פ"ד הל' א' ושו"ע יו"ד סי' קפ"ג דאם היא לא טבלה לנדתה חייב כרת.

6 עי' שו"ע אה"ע סי' כ"א סעי' ב' דאשה נשואה חייבת בכיסוי הראש. ועי' פ"ת שם. ועי"ש ב"ש דגם אלמנה וגרושה חייבות. ועי' באר היטב שם ס"ק ה' דאם נתקדשה ולא נשאת עדיין י"א שתכסה ראשה וי"א שאינה צריכה.

7 עי' כתובות נז. דבזמן המשנה היה הפסק זמן של י"ב חודש בין האירוסין והנישואין אבל בזמנינו מקדשין וכונסין לאלתר. עי' ר"ן ריש כתובות ד"ה לאלתר וערוה"ש אה"ע סי' נ"ו כעי' י"א.

8 רמב"ם הל' אישות פי"ב הל' א' ב', שו"ע אה"ע סי' ס"ט סעי' א' ב'.

9 עי' רמב"ם הל' אישות פי"ב הל' י' י"א ושו"ע אה"ע סי' ע' סעי' ג' כמה מזונות פוסקין לאשה.

10 עי' רמב"ם הל' אישות פי"ג הל' א' ב' ה' ושו"ע אה"ע סי' ע"ג סעי' א' ד' כמה הכסות הוא חייב ליתן לה. ועי"ש הל' ג' וסעי' א' דכלי הבית ומדור שיושבת בה הם בכלל הכסות.

11 רמב"ם הל' אישות פי"ד הל' א', שו"ע אה"ע סי' ע"ו סעי' א' ב'.

12 רמב"ם הל' אישות פ"י הל' ז', שו"ע אה"ע סי' ס"ו סעי' ו'. ועי"ש דכתובת אשה היא מדרבנן.

13 עי' רמב"ם הל' אישות פי"א הל' א' ושו"ע אה"ע סי' ס"ז סעי' א' דאם היא אלמנה או גרושה מן האירוסין כתובתה מאתים דהעיקר תלוי אם היא בתולה או בעולה.

Note:

- □ This כְּתוּבָּה-payment was instituted by חַזַ"ל to discourage a man from divorcing his wife.[14]
- □ At the time of נִשּׂוּאִין the husband can undertake to add an extra amount which is called תּוֹסֶפֶת כְּתוּבָּה.[15]
- □ חַזַ"ל instituted that the husband must[16] give his wife a שְׁטַר כְּתוּבָּה (a document specifying the above-mentioned obligations).[17] If the שְׁטַר כְּתוּבָּה got lost or was not written at all, all obligations and rights still apply.[18] Nevertheless, they may not live together until a (new) שְׁטַר כְּתוּבָּה is written.[19]

The following obligations apply although they are not specified in the שְׁטַר כְּתוּבָּה:

(5) He must pay for her medical care.[20]

(6) If she is kidnapped, he must redeem her.[21]

(7) He must pay for her funeral.[22]

(8) If he dies first, she is entitled to food, clothing, and living quarters from his estate. This entitlement continues until she remarries or claims payment of her כְּתוּבָּה.[23]

14 כתובות לט: ועי"ש תד"ה טעמא דמתוך שהוצרכו לתקן בגרושה שלא תהא קלה בעיניו להוציאה תקינו נמי לאלמנה משום חינא דהיינו שימצאו הנשים חן בעיני האנשים.

15 רמב"ם הל' אישות פ"י הל' ז' ושו"ע אה"ע סי' ס"ו סעי' ז'.

16 רמב"ם הל' אישות פ"י הל' ז' ובשו"ע אה"ע סי' נ"ה סעי' ג' דכתיבת הכתובה היא קודם הכניסה לחופה.

17 רמב"ם הל' אישות פ"י הל' ז' ושו"ע אה"ע סי' ס"ו סעי' ז'. נוסח הכתובה עי' רמב"ם הל' יבום וחליצה פ"ד הל' ל"ג. כתיבת שטר הכתובה נעשית בדרך כלל ע"י סופר והבעל מחייב את עצמו ע"י קנין סודר בכל השעבודים של הכתובה והעדים חותמים על שטר הכתובה, עי' שו"ע אה"ע סי' ס"ו סעי' א' ואבני מילואים סי' צ"ג ס"ק כ"ה.

18 רמב"ם הל' אישות פי"ב הל' ה', שו"ע אה"ע סי' ס"ט סעי' א'.

19 שו"ע אה"ע סי' ס"ו סעי' א' ב'. דאסור להתייחד עם הכלה קודם שיכתוב לה כתובה ויש מקילין ובלבד שלא יבעול.

20 רמב"ם הל' אישות פי"ד הל' י"ז, שו"ע אה"ע סי' ע"ט סעי' א'.

21 רמב"ם הל' אישות פי"ד הל' י"ח י"ט, שו"ע אה"ע סי' ע"ח סעי' א' ב'.

22 רמב"ם הל' אישות פי"ד הל' כ"ג, שו"ע אה"ע סי' פ"ט סעי' א'.

23 רמב"ם הל' אישות פי"ח הל' א' ב', שו"ע אה"ע סי' ס"ט סעי' ב' וסי' צ"ג סעי' ג' וסי' צ"ד סעי' א'. עי' מ"מ הל' אישות פי"ט הל' כ"א דהביא דעת הרמב"ן והרשב"א שמוציאין לאלמנה מזון עד זמן שאומדים ב"ד שראויה לחיות ומעמידין ביד שליש והוא מפרנסה אחת לשלשים יום. ועי' תוס' כתובות מג. ד"ה עשו.

(9) If he dies before her, their daughters are entitled[24] to food, clothing, and living quarters from the father's estate. This entitlement continues either until they marry[25] or until they reach the age of בַּגְרוּת (9.1), whichever is first.

(10) כְּתוּבַּת בְּנִין דִּכְרִין (provision for the sons – for an explanation, refer to 7.4).

RIGHTS OF THE HUSBAND

From after נִשּׂוּאִין the husband is entitled to the following rights:[26]

(1) Her מַעֲשֵׂה יָדַיִם belong to him. These are her wages and items which she produces through sewing, baking, etc. (See 9.4.)

(*Note*: A married woman is expected to do specific jobs which are normal for a wife to do.[27])

(2) He is entitled[28] to the פֵּירוֹת (use of and income) from the assets which she brought into their marriage. (For more details, refer to 7.4.)

(3) Any מְצִיאוֹת (lost objects) that she finds belong to him.[29]

(4) If she dies first, he inherits her assets. (See vol. II, 7.3.)

(5) He can annul his wife's נְדָרִים (vows).[30] (For full details of הֲפָרַת נְדָרִים, refer to 6.6.)

24 עי' רמב"ם הל' אישות פי"ט הל' י"א ושו"ע אה"ע סי' קי"ב סעי' ו' דהאשה פוסקין לה לפי כבודה וכבוד בעלה ולבנות פוסקין להן דבר המספיק להן בלבד.

25 רמב"ם הל' אישות פי"ט הל' י', שו"ע אה"ע סי' קי"ב סעי' א' והיינו האירוסין. ועי"ש הל' ט"ו וסעי' ג' דהארוס חייב במזונות הקטנה (או נערה).

26 רמב"ם הל' אישות פי"ב הל' ג', שו"ע אה"ע סי' ס"ט סעי' ג'.

27 רמב"ם הל' אישות פכ"א הל' א' ה', שו"ע אה"ע סי' פ' סעי' א' ו'.

28 עי' רמב"ם הל' אישות פי"ב הל' ט' ופכ"ג הל' ז' דאם התנה שלא יאכל פירות נכסיה תנאו קיים.

29 רמב"ם הל' אישות פכ"א הל' א', שו"ע אה"ע סי' פ"ד.

30 רמב"ם הל' נדרים פי"א הל' ח', שו"ע יו"ד סי' רל"ד סעי' ב'.

A בַּת יִשְׂרָאֵל who marries a כֹּהֵן[31] may eat תְּרוּמָה and the חָזֶה וְשׁוֹק of שְׁלָמִים from the time of נְשׂוּאִין onwards.[32] (A בַּת כֹּהֵן who marries a יִשְׂרָאֵל may no longer eat תְּרוּמָה and חָזֶה וְשׁוֹק from the time of קִדּוּשִׁין.[33])

31 עי' רמב"ם הל' אבל פ"ב הל' ו' ז' ושו"ע יו"ד סי' שע"ג סעי' ד' דכהן מטמא את עצמו לאשתו שמתה משעת נישואין.

32 רמב"ם הל' תרומות פ"ו הל' ג'. ועי"ש דדין תורה היא אוכלת משנתארסה.

33 עי' רדב"ז הל' תרומות פ"ו הל' ה'.

7.4

נְדוּנְיָא
Assets Which the Woman Brings to the Marriage

THE POSSESSIONS THAT A woman owns[1] at the time of נִשּׂוּאִין and brings to the marriage are called נְדוּנְיָא.[2]

Her husband is entitled[3] to the פֵּירוֹת (use of and income) from these assets, such as produce from her land, rental income, use of her property, etc.[4]

> *Mr. Rosenberg benefits from the assets that his wife possessed when they got married. He uses her car freely, receives the rent from her apartment, and keeps the interest from her savings account…*

IF THE MARRIAGE ENDS

If the marriage ends – through either divorce or the husband's

---

1. עי' רמב"ם פ"כ הל' א' וסי' נ"ח סעי' א' דצוו חכמים שיתן אדם מנכסיו מעט לבתו כדי שתנשא בו וזה הוא הנקרא פרנסה.
2. רמב"ם הל' אישות פט"ז הל' א', שו"ע אה"ע סי' ס"ו סעי' י"א.
3. עי' רמב"ם הל' אישות פי"ב הל' ט' ופכ"ג הל' ז' דאם התנה שלא יאכל פירות נכסיה תנאו קיים.
4. רמב"ם הל' אישות פכ"ב הל' ז', שו"ע אה"ע סי' פ"ה סעי' ב'.

death – she regains full possession[5] of these assets, and from then on she receives the פֵּירוֹת.

...When Mr. Rosenberg dies, his wife once again has full use of the car. The monthly rent for the apartment and the interest from her savings are now paid to her...

If the נְדוּנְיָא Is Damaged or Lost

The דִּין if the נְדוּנְיָא is damaged or got lost depends on whether, at the time of the נִשּׂוּאִין,[6] the husband undertook to guarantee the value of the נְדוּנְיָא.[7]

1. נִכְסֵי צֹאן בַּרְזֶל – Assets which the Husband Guaranteed

If, when the marriage ends, these possessions are damaged, lost, or have gone down in value, the husband or his יוֹרְשִׁים will repay their original value. If their value went up, the increase in value belongs to the husband or his יוֹרְשִׁים.

2. נִכְסֵי מְלוֹג – Assets which the Husband Did Not Guarantee

These possessions are returned to the woman as they are. If they are damaged, lost, or have gone down in value, it is her loss. If their value went up, the gain is hers.

(*Note*: Any property which she acquired or inherited during their marriage is classified as נִכְסֵי מְלוֹג.[8])

---

5 עי' רמב"ם הל' אישות פי"ח הל' ט' דנכסי צאן ברזל שהותירו בחיי הבעל היורשים נוטלים המותר.

6 עי' שו"ע אה"ע סי' ס"ו סעי' י"א ברמ"א דמן הסתם אחריות הנדוניא עליו והן כנכסי צאן ברזל אבל אם ירצה להניח לה ברשותה ושלא לקבל אחריות עליהם הרשות בידו.

7 עי' רע"ב יבמות פ"ז מ"א נקראים נכסי מלוג שהבעל מולג אותם נכסים כמליגת התרנגולים ואם פחתו פחתו לה. ונקראים צאן ברזל שהקרן קיים כברזל שאם מתו חייב הבעל לשלם.

8 רמב"ם הל' אישות פכ"ב הל' כ"א, שו"ע אה"ע סי' פ"ה סעי' ז'.

IF THE WIFE DIES FIRST

When a married woman dies, her husband inherits her assets (see vol. II, 7.3). When he dies, all his assets are inherited by his children. This includes the assets which he previously inherited from his wife.

כְּתוּבַּת בְּנִין דִּכְרִין – Provision for the Sons

However, if he has been married more than once and has sons from each marriage, the דִּין is as follows:[9]

(1) The sons of each wife inherit the amount stipulated in their mother's כְּתוּבָּה, to which she would have been entitled.

(2) They also inherit the assets of their mother's נְדוּנְיָא.

> When Mr. and Mrs. Hirsch marry, she brings in a נְדוּנְיָא valued at $40,000, and he writes her a כְּתוּבָּה for $3,000. They have one son.
>
> Mrs. Hirsch dies, so Mr. Hirsch inherits all her assets, following which he remarries. His second wife's נְדוּנְיָא is worth $10,000 and he writes her a כְּתוּבָּה for $2,000. They also have one son. When she dies, Mr. Hirsch inherits all her assets.
>
> Twenty years later he dies, leaving behind an estate worth $85,000. His יְרוּשָׁה is divided as follows:
>
> His son from his first marriage gets $43,000, which is the total of his late mother's נְדוּנְיָא and the amount of her כְּתוּבָּה. The son from the second marriage receives $12,000, which is the value of his late mother's נְדוּנְיָא and the amount of her כְּתוּבָּה...

(3) The remainder of the father's estate is divided between his chil-

---

9 רמב"ם הל' אישות פי"ט הל' א'-ד', שו"ע אה"ע סי' קי"א סעי' א'-ד'. דין זה שייך דוקא בבנים זכרים.

dren from both wives as a normal יְרוּשָּׁה. (For details, refer to vol. II, 7.1.)

...From the remaining $30,000 of their father's estate, the son of the first marriage, the בְּכוֹר, receives $20,000. The other son receives $10,000.

7.5

גֵּירוּשִׁין
Divorce

THE תּוֹרָה PROVIDES FOR a husband to[1] divorce his wife, and thereby end the marriage, by giving her a גֵּט (divorce document). A גֵּט is a written declaration, to the following effect:[2]

I, (husband's name), release you, (wife's name), who has been my wife until now, from being my wife, and you are permitted to marry whomever you want, and this is your document of release.

The divorce takes effect as soon as the גֵּט is handed over to the woman.[3] She now becomes a גְּרוּשָׁה, giving her the status of a פְּנוּיָה, allowing her to remarry.[4] (See 8.4 that she is forbidden to a כֹּהֵן.)

(*Note:* מַחֲזִיר גְּרוּשָׁתוֹ – Her former husband may remarry her, unless she had married someone else in the interim.[5])

1 עי׳ רמב״ם הל׳ גירושין פ״י הל׳ כ״א כ״ב ושו״ע אה״ע סי׳ קי״ט סעי׳ ג׳ ד׳ דלא יגרש אדם אשתו ראשונה אלא אם כן מצא בה ערות דבר או שהיא רעה בדעותיה ושאינה צנועה כבנות ישראל הכשרות.

2 עי׳ רמב״ם הל׳ גירושין פ״ד הל׳ י״ב נוסח כל הגט. ועי״ש הל׳ י״א דאע״פ שמותר לכתבו בכל לשון כבר נהגו לכתבו בלשון ארמי.

3 רמב״ם הל׳ גירושין פ״א הל׳ א׳. עי׳ פ״ה הל׳ ב׳ ושו״ע אה״ע סי׳ קל״ט סעי׳ א׳ דאם זרק גט לאשתו לתוך חצרה אם היתה עומדת שם בצד חצרה נתגרשה.

4 רמב״ם הל׳ גירושין פ״א הל׳ ד׳.

5 רמב״ם הל׳ גירושין פי״א הל׳ י״ב, שו״ע אה״ע סי׳ י׳ סעי׳ א׳. וע״ש דאפילו רק נתקדשה לאחר אסור להחזירה.

WRITING THE גֵּט

Some דִינִים of writing the גֵּט:

(1) The husband can either write the גֵּט himself or instruct a סוֹפֵר (scribe) to write it on his behalf.[6] A גֵּט written without the husband's instructions is פָּסוּל.[7]

(2) לִשְׁמָהּ (for her sake) – It must be written for the גֵּירוּשִׁין of this particular husband and wife. A גֵּט written for someone else – even with the same names – is פָּסוּל.[8]

(3) The date[9] of the writing of the גֵּט and the name of the town[10] must be written in the document.

(4) A גֵּט is only valid through עֵדִים.[11] There is a מַחֲלוֹקֶת (dispute)[12] whether these עֵדִים must be:

   (a) עֵדֵי חֲתִימָה – Two עֵדִים, appointed by the husband,[13] who sign on the גֵּט before it is handed over to her; or

   (b) עֵדֵי מְסִירָה – Two עֵדִים witnessing the גֵּט being handed over to the wife.[14]

6 רמב"ם הל' גירושין פ"ב הל' א', שו"ע אה"ע סי' ק"כ סעי' א'. עי' פ"ג הל' ט"ו וסי' קכ"ג סעי' א' דהכל כשרין לכתוב את הגט חוץ מגוי עבד חרש שוטה וקטן.

7 רמב"ם הל' גירושין פ"ב הל' ה', שו"ע אה"ע סי' ק"כ סעי' ד'.

8 רמב"ם הל' גירושין פ"ג הל' א'-ד', שו"ע אה"ע סי' קל"א סעי' א'-ד'.

9 רמב"ם הל' גירושין פ"א הל' כ"ד, שו"ע אה"ע סי' קכ"ז סעי' א'.

10 עי' רמב"ם הל' גירושין פ"א הל' כ"ד דיכתוב מקום כתיבת הגט. ועי' בשו"ע אה"ע סי' קכ"ח סעי' א' דצריך להזכיר שם מקום שהעדים עומדים שם. ועי' ערוה"ש אה"ע סי' קכ"ח סעי' א'-ג'.

11 רמב"ם הל' גירושין פ"א הל' י"ג.

12 גיטין כג. דרבי אלעזר סובר עדי מסירה כרתי ורבי מאיר סובר עדי חתימה כרתי.

13 רמב"ם הל' גירושין פ"ב הל' ה', שו"ע אה"ע סי' ק"כ סעי' ד'.

14 עי' גיטין ד. תד"ה דקיימא דרגיל ר"ת לומר דאפילו לר"מ בעי עדים בשעת נתינת הגט דאין דבר שבערוה פחות משנים.

(*Note*: Although the הֲלָכָה is that עֵדֵי מְסִירָה are the ones who validate the גֵט,[15] the חֲכָמִים require עֵדֵי חֲתִימָה as well[16] – see also 3.3.)

HANDING OVER THE גֵט

Some דִינִים of handing over the גֵט:

(1) When handing the גֵט to his wife, the man must say, "הֲרֵי זֶה גִטֵּיךְ" ("This is your divorce document").[17]

(2) מִן הַתּוֹרָה a husband[18] can divorce his wife against her will.[19]

שָׁלִיחַ לְהוֹלָכָה – The husband can appoint a שָׁלִיחַ (agent)[20] to hand the גֵט over to his wife.[21]

שָׁלִיחַ לְקַבָּלָה – The wife can appoint a שָׁלִיחַ to accept the גֵט on her behalf, in which case the גֵירוּשִׁין takes effect as soon as her שָׁלִיחַ receives the גֵט.[22]

---

15 רמב"ם הל' גירושין פ"א הל' א' י"ג, שו"ע אה"ע סי' קל"ג סעי' א'. עי"ש ובהל' ט"ז מה הדין אם נתנו לה שלא בפני עדים.

16 רמב"ם הל' גירושין פ"א הל' ט"ו, שו"ע אה"ע סי' ק"ל סעי' א'.

17 רמב"ם הל' גירושין פ"א הל' י"א, שו"ע אה"ע סי' קל"ו סעי' א'.

18 עי' רמב"ם הל' גירושין פ"א הל' א' שלא יגרש האיש אלא ברצונו. ועי' פ"ב הל' כ' דמי שהדין נותן שכופין אותו לגרש את אשתו ולא רצה בית דין של ישראל מכין אותו עד שיאמר רוצה אני והוא גט כשר.

19 רמב"ם הל' גירושין פ"א הל' ב', שו"ע אה"ע סי' קי"ט סעי' ו'. עי"ש ברמ"א דכל זה מדינא אבל רבינו גרשום החרים שלא לגרש אשה שלא מדעתה אם לא שעברה על דת.

20 עי' רמב"ם הל' גירושין פ"ו הל' ו' ושו"ע אה"ע סי' קמ"א סעי' ל"א דהכל כשרין להיות שליח להולכה וקבלה חוץ מגוי עבד חרש שוטה וקטן. ועי"ש הל' ז' וסעי' ל"ג.

21 רמב"ם הל' גירושין פ"ב הל' א' ופ"ו הל' ג', שו"ע אה"ע סי' ק"מ סעי' א'.

22 רמב"ם הל' גירושין פ"ה הל' א', שו"ע אה"ע סי' ק"מ סעי' ג'.

7.6

עֵדוּת אִשָּׁה
Testimony Permitting a Woman to Remarry

An אֵשֶׁת אִישׁ (married woman) may not marry anyone else. When her husband dies, she may remarry.[1]

If her husband has disappeared and is believed to be dead, his wife may not remarry until his death has been confirmed by a בֵּית דִּין.[2] Such a woman is referred to as an עֲגוּנָה.

> Yankel goes on a mountain hike together with his brother Berel. Their provisions are only enough for two days. When they do not return after this time, their wives call the mountain rescue team to search for them. After ten days, the team gives up the search, telling the wives that the men must have lost their way, and without food it is impossible that they could have survived in these mountains. Besides the anguish of the almost certain death of their husbands, the two sisters-in-law realize that, until the bodies are retrieved or their husbands' deaths are confirmed by a בֵּית דִּין, they may not remarry…

---

1 קידושין ב.
2 שו"ע אה"ע סי' י"ז סעי' ל"ט.

THE עֵדוּת OF A SINGLE עֵד

מִן הַתּוֹרָה an עֲגוּנָה may only remarry if two עֵדִים testify about the death of her husband. However, חֲכָמִים were lenient in allowing her to remarry based on the testimony of one of the following:

1. עֵד אֶחָד – A Single Witness[3]

This עֵד may even be a relative, a woman, or an עֶבֶד כְּנַעֲנִי.[4]

(This leniency is based on the assumption that a single עֵד will definitely say the truth, since if the husband is not dead and reappears, it will be clear proof that the עֵד has lied.[5])

> *...A week later, some other hikers find the famished Berel, who kept himself alive on some nuts and wild berries. They carry him down the mountain and he is admitted to the hospital. He later relates to בֵּית דִּין that his brother Yankel fell off a cliff and died shortly afterwards. The rescuers attempt to find Yankel's body but are unsuccessful.*
>
> *His עֵדוּת is accepted, even though Berel is the only עֵד and is related to Yankel. Thus, Yankel's wife is no longer an עֲגוּנָה.*

2. The Woman Herself

The woman herself is believed if she says that her husband died.[6]

(This leniency is based on the assumption that she will only claim that her husband has died if she has verified it beyond any doubt, since there are very severe consequences to her actions if he is found alive, as explained below.[7])

---

3 רמב"ם הל' גירושין פי"ב הל' ט"ו, שו"ע אה"ע סי' י"ז סעי' ג'. עי' משנה למלך האם נאמנותו של עד אחד בעדות אשה היא מן התורה או מדרבנן.

4 רמב"ם הל' עדות פ"ה הל' ג' והל' גירושין פי"ב הל' ט"ו, שו"ע אה"ע סי' י"ז סעי' ג'.

5 רמב"ם הל' גירושין פי"ג הל' כ"ט.

6 רמב"ם הל' גירושין פי"ב הל' ט"ו, שו"ע אה"ע סי' י"ז סעי' מ"ג. עי"ש פי"ג הל' א'-ז' וסעי' מ"ח-נ"ה דלפעמים היא אינה נאמנת.

7 רמב"ם הל' גירושין פי"ב הל' ט"ו.

ADDITIONAL POINTS

(1) The single עֵד or woman is believed without the usual examination of עֵדִים (see 3.6).[8]

(2) This עֵדוּת can be given in writing.[9]

(3) עֵד מִפִּי עֵד – Someone who did not see the man dead but heard from someone else that he has died can also testify.[10]

(4) In certain cases,[11] a גּוֹי[12] or a פָּסוּל לְעֵדוּת בַּעֲבֵירָה[13] is also believed.

(5) Certain relatives are not believed, as they are suspected of deliberately giving false עֵדוּת, for example, the husband's mother or daughter.[14]

(For details of דִּינֵי עֵדוּת and דִּינֵי עֵדִים for regular עֵדֻיּוֹת, refer to sections 3 and 4.)

IF THE FIRST HUSBAND IS STILL ALIVE

What is the דִּין if the woman's first husband reappears after the woman remarries – i.e., the עֵדִים or the woman have erred or lied?[15]

(a) Both her first and second husbands must give her a גֵּט, and she may not remarry either of them.

(b) The woman does not receive payment of her כְּתוּבָּה from either of them.

8 רמב"ם הל' גירושין פי"ג הל' כ"ח, שו"ע אה"ע סי' י"ז סעי' כ"א.

9 רמב"ם הל' גירושין פי"ג הל' כ"ח, שו"ע אה"ע סי' י"ז סעי' י"א. ולכן מי שנשתתק יכול להעיד בכתב.

10 רמב"ם הל' גירושין פי"ב הל' ט"ו ופי"ג הל' ח', שו"ע אה"ע סי' י"ז סעי' ג' י"ג.

11 דהיינו כשמסיח לפי תומו.

12 רמב"ם הל' גירושין פי"ב הל' ט"ז ופי"ג הל' י"א, שו"ע אה"ע סי' י"ז סעי' ג' י"ד

13 רמב"ם הל' גירושין פי"ב הל' י"ז, שו"ע אה"ע סי' י"ז סעי' ג'. אבל הפסול בעבירה מדרבנן נאמן לעדות אשה אפילו אינו מסיח לפי תומו.

14 רמב"ם הל' גירושין פי"ב הל' ט"ז, שו"ע אה"ע סי' י"ז סעי' ד'. חמותה בת חמותה צרתה יבמתה ובת בעלה אינן נאמנות להעיד לה עדות זו.

15 רמב"ם הל' גירושין פ"י הל' ה' פי"ב הל' ט"ו, שו"ע אה"ע סי' י"ז סעי' נ"ו. עי"ש בשו"ע דהדין כך אפילו אם נשאת ע"פ ב' עדים.

(c) Since, in truth, the woman was still married to her first husband, she was forbidden to marry her second husband. Therefore, any children born from that marriage are מַמְזֵרִים (see 8.6).[16]

---

16 עי' שו"ע אה"ע סי' י"ז סעי' נ"ו דאם לא הולידה אלא אחר שמת הראשון או גירשה אין הולד מן השני אלא ממזר דרבנן.

7.7

יִבּוּם

Marrying the Wife of One's Deceased Brother

IF A MAN DIES without children, leaving a widow, his brother is obligated to marry her.[1] This marriage[2] is called יִבּוּם. Once יִבּוּם is performed, the woman becomes like any other wife.[3]

(Between the death of her first husband and her remarriage she is called a שׁוֹמֶרֶת יָבָם. After יִבּוּם she is called a יְבָמָה. The brother who performs יִבּוּם is known as a יָבָם.)

THE CHILDREN OF THE DECEASED HAVE DIED

What is the דִּין if the deceased had children but they are no longer alive?[4]

(a) If those children left no living descendants, there is a מִצְוָה of יִבּוּם.

---

1 דברים כה:ה-ו, רמב"ם הל' יבום וחליצה פ"א הל' א', שו"ע אה"ע סי' קנ"ו סע' א'. עי"ש דמצוה ליבם אשת אחיו בין מן הנישואין ובין מן האירוסין.

2 עי' רמב"ם הל' יבום וחליצה פ"א הל' א' ושו"ע אה"ע סי' קס"ו סע' ב' דיבום נעשה ע"י ביאה. עי"ש הל' ט"ז י"ז וסי' קס"ז סעי' א' ב' ד' דאם היה בן ט' שנים ויום אחד שבא על יבמתו יקיים אבל אין היבמה נתרת לזר עד שיבא עליה אחר שהגדיל או עד שתחלץ אבל היבמה מתייבמת אפילו כשהיא קטנה.

3 עי' רמב"ם הל' יבום וחליצה פ"א הל' ט"ו ושו"ע אה"ע סי' קס"ח סעי' א' דיכול להוציאה בגט ויכול להחזירה.

4 רמב"ם הל' יבום וחליצה פ"א הל' ג', שו"ע אה"ע סי' קנ"ו סע' ב'.

(b) If there is a living descendant, such as a grandchild, there is no מִצְוָה of יִבּוּם.[5]

(*Note*: If the נִפְטָר had a child from a different wife – even if he was no longer married to her at the time of his death – there is no מִצְוָה of יִבּוּם for any of his present wives.)

BROTHERS WHO ARE EXCLUDED FROM יִבּוּם

The following brothers are excluded from the מִצְוָה of יִבּוּם:

(a) A half-brother who has the same mother but not the same father as the נִפְטָר.[6]

(b) A brother who was only born after the נִפְטָר's death.[7]

(c) A brother to whom the יְבָמָה is an עֶרְוָה (see 8.2), for example, if she is his daughter (who had been married to her uncle).[8]

(*Note*: If she is one of the חַיָּיבֵי עֲשֵׂה, חַיָּיבֵי לָאוִין, or שְׁנִיּוֹת לַעֲרָיוֹת [see 8.2, 8.3, and 8.4], חַזַ"ל do not allow יִבּוּם to he performed; instead, חֲלִיצָה must be done[9] – see 7.8.)

The תּוֹרָה permitted the אִסּוּר of אֵשֶׁת אָח (8.2) solely for the purpose of יִבּוּם. Thus, in the absence of the מִצְוָה of יִבּוּם, e.g., if the נִפְטָר left a grandchild, there would be a חִיּוּב כָּרֵת in marrying an אֵשֶׁת אָח.[10]

ADDITIONAL POINTS

(1) **מַאֲמָר** – Although מִן הַתּוֹרָה the מִצְוָה of יִבּוּם is done without first

5 עי' רמב"ם הל' יבום וחליצה פ"א הל' ה' ושו"ע אה"ע סי' קנ"ו סע' ד' ה' מה הדין אם הניח אשתו מעוברת.

6 רמב"ם הל' יבום וחליצה פ"א הל' ז', שו"ע אה"ע סי' קנ"ז סע' א'.

7 רמב"ם הל' יבום וחליצה פ"ו הל' ט"ז, שו"ע אה"ע סי' קע"ג סע' י"ב.

8 רמב"ם הל' יבום וחליצה פ"ו הל' ט', שו"ע אה"ע סי' קע"ג סע' א'.

9 רמב"ם הל' יבום וחליצה פ"ו הל' ז' י', שו"ע אה"ע סי' קע"ד סעי' א'.

10 רמב"ם הל' יבום וחליצה פ"ו הל' ט"ו.

performing קִדּוּשִׁין,[11] חֲזַ"ל instituted that the יָבָם should perform מַאֲמָר[12] before doing יִבּוּם. This is a form of קִדּוּשִׁין and is done by giving the woman an object worth at least a פְּרוּטָה.[13] Nevertheless, even without מַאֲמָר, the יִבּוּם is valid.[14]

(2) **יְרוּשַׁת נִכְסֵי אָחִיו** – The brother who performs יִבּוּם inherits the נִפְטָר's assets.[15]

(3) **שׁוֹמֶרֶת יָבָם** – No one other than the יָבָם may marry the שׁוֹמֶרֶת יָבָם.[16] If someone else commits זְנוּת with her,[17] they[18] are both חַיָּיב מַלְקוּת.[19] If someone else performs קִדּוּשִׁין with her, he must give her a גֵּט.[20]

11 רמב"ם הל' יבום וחליצה פ"א הל' א', שו"ע אה"ע סי' קס"ו סע' ב'.

12 עי' שו"ע אה"ע סי' ק"ע סע' ב' מאמר פירוש מאמר חכמים. עי' תוי"ט יבמות פ"ב מ"א ונקרא מאמר לפי שאין דין קידושין אלא באמירה.

13 רמב"ם הל' יבום וחליצה פ"ב הל' א', שו"ע אה"ע סי' קס"ו סעי' ב'. ולענין מאמר בשטר עי"ש בשו"ע ובביאור הגר"א ס"ק ד'.

14 רמב"ם הל' יבום וחליצה פ"ב הל' ב', שו"ע אה"ע סי' קס"ו סעי' ב'.

15 רמב"ם הל' נחלות פ"ג הל' ז', שו"ע אה"ע סי' קס"ג סע' א'. עי"ש דדוקא בנכסי אחיו המוחזקים אבל הראוין לבא לאחר מכאן הרי הוא בהן ככל האחים. ועי"ש סעי' ב' דהחולץ ליבמתו אינו זוכה בנכסי המת.

16 רמב"ם הל' יבום וחליצה פ"ב הל' י"ח, שו"ע אה"ע סי' קנ"ט סעי' א'.

17 עי' רמב"ם הל' יבום וחליצה פ"ב הל' י"ח דדוקא לוקה אם קדשה מקודם. עי' מנ"ח מצוה תקצ"ז אות ד' דנוקט בדעת החינוך דלוקה אם בא עליה אפילו בלא קידושין. עי' רמב"ם הל' איסורי ביאה פט"ו הל' ב' שאין לך בכל חייבי לאוין מי שלוקה על בעילה בלא קידושין אלא כהן גדול באלמנה.

18 עי' רמב"ם הל' יבום וחליצה פ"ב הל' י"ח דגם היא לוקה. ועי' חינוך מצוה תקצ"ז שכתב דאפשר שגם היא בחיוב מלקות.

19 רמב"ם הל' יבום וחליצה פ"ב הל' י"ח והל' סנהדרין פי"ט הל' ד' ל"ת קנ"ה.

20 רמב"ם הל' יבום וחליצה פ"ב הל' י"ט, שו"ע אה"ע סי' קנ"ט סעי' א'. ועי"ש דאח"כ היבם מיבם או חולץ.

7.8

חֲלִיצָה
Release from the Obligation of Yibum

IF THE BROTHER WHO has the מִצְוָה of יִבּוּם is unable or unwilling to perform it, חֲלִיצָה[1] (lit., removing of the shoe) is done instead. Once חֲלִיצָה has been done, the widow is permitted to marry someone else (see 7.9).

THE PROCEDURE OF חֲלִיצָה[2]

(1) The man puts on a shoe, made to specific halachic requirements (for example, it is made from leather and it has straps).[3]

(2) The woman says the following words from the פָּסוּק:[4]
"מֵאֵן יְבָמִי לְהָקִים לְאָחִיו שֵׁם בְּיִשְׂרָאֵל לֹא אָבָה יַבְּמִי" (My brother-in-law refuses to establish a name for his brother in Yisrael; he does not want to perform יִבּוּם with me).

---

1 רמב"ם הל' יבום וחליצה פ"א הל' ב', שו"ע אה"ע סי' קס"ה סע' א'.
2 רמב"ם הל' יבום וחליצה פ"ד הל' א'-ט', שו"ע אה"ע סי' קס"ט סע' מ"ג.
3 רמב"ם הל' יבום וחליצה פ"ד הל' ו' י"ח-כ', שו"ע אה"ע סי' קס"ט סע' י"ד-כ"ד ההלכות של הנעל של חליצה.
4 עי' דברים כה:ה-י.

(3) He responds by saying: "לֹא חָפַצְתִּי לְקַחְתָּהּ" (I do not want to marry her [lit., take her]).

(4) Following this, she removes the shoe from his foot and spits on the ground in front of him.

(5) She then says the following words:

"כָּכָה יֵעָשֶׂה לָאִישׁ אֲשֶׁר לֹא יִבְנֶה אֶת בֵּית אָחִיו וְנִקְרָא שְׁמוֹ בְּיִשְׂרָאֵל בֵּית חֲלוּץ הַנָּעַל"

(Such is done to the man who will not build the house of his brother. His name shall be proclaimed in Yisrael, "The house of the one whose shoe was removed.")

Note:

- חֲלִיצָה must be done during the daytime[5] and in front[6] of a בֵּית דִין.[7]
- In order to do חֲלִיצָה, both the man and woman must be גְּדֹלִים.[8]

חֲלִיצָה INSTEAD OF יִבּוּם

חֲלִיצָה is performed instead of יִבּוּם in the following instances:

- If the יָבָם[9] or the יְבָמָה do not want to do יִבּוּם,[10] or they are not suited to each other (for example, if there is a large age difference between them).[11]
- If the יְבָמָה is a woman whom he may not marry, such as one of the חַיָּבֵי לָאוִין, חַיָּבֵי עֲשֵׂה, or שְׁנִיּוֹת (see section 8).[12]

5 רמב"ם הל' יבום וחליצה פ"ד הל' ה', שו"ע אה"ע סי' קס"ט סע' ו'.

6 בענין עדי חליצה עי' רמב"ם הל' יבום וחליצה פ"ד הל' ט"ו דאם חלצה בינו לבינה הרי זו חליצה פסולה. ועי' חידושי רבנו חיים הלוי שם.

7 רמב"ם הל' יבום וחליצה פ"ד הל' ה', שו"ע אה"ע סי' קס"ט סע' א' ג'. דהיינו ג' דיינים ומצותה בחמשה כדי לפרסם הדבר.

8 רמב"ם הל' יבום וחליצה פ"א הל' י"ח, שו"ע אה"ע סי' קס"ט סע' י'.

9 עי' ב"ש אה"ע סי' קס"א ס"ק ג' דיבום אח הצעיר עדיף מחליצת אח הגדול.

10 רמב"ם הל' יבום וחליצה פ"א הל' ב'.

11 רמב"ם הל' יבום וחליצה פ"ד הל' א'.

12 רמב"ם הל' יבום וחליצה פ"ו הל' ז' י', שו"ע אה"ע סי' קע"ד סע' א'.

☐ In a case of uncertainty whether there is a מִצְוָה of יִבּוּם.[13]

> Zerach, who is childless, appoints a שָׁלִיחַ to hand a גֵּט to his wife Michal. On the day that the שָׁלִיחַ gave her the גֵּט, Zerach died, but it is not known whether the גֵּט was given before or after his death. If it was given before Zerach's death, Michal was already a גְּרוּשָׁה when he died. In that case, there is no מִצְוָה of יִבּוּם (and there is an אִסּוּר of אֵשֶׁת אָח). If, however, it was only given after his death, she is an אַלְמָנָה and there is a מִצְוָה of יִבּוּם. Due to the doubt, Zerach's brother may not perform יִבּוּם, and he must perform חֲלִיצָה instead, which does not involve any אִסּוּרִים.

(*Note:* The generally accepted מִנְהָג nowadays is not to do יִבּוּם at all, and therefore חֲלִיצָה is done in all instances.[14])

---

13 רמב"ם הל' יבום וחליצה פ"ו הל' ז', שו"ע אה"ע סי' קע"ג סע' ט"ו. ועי"ש הל' ד' י"ג דיש עוד מקרים שחולץ ולא מיבם.

14 ערוה"ש אה"ע סי' קס"ה סע' ט"ו.

7.9

The Laws of Yibum When There Is More than One Wife or Brother

IF A PERSON DIED childless and left more than one wife or more than one brother, the דִּין is as follows:[1]

1. MORE THAN ONE WIFE

If the נִפְטָר had more than one wife, the יָבָם must perform either יִבּוּם or חֲלִיצָה with any one of them. Until this is done, they all have the דִּין of שׁוֹמֶרֶת יָבָם and may not remarry.

> *Chananel, who is childless, is critically ill. His two wives realize that if he dies, neither of them will be able to remarry until יִבּוּם or חֲלִיצָה is done with one of them...*

2. MORE THAN ONE BROTHER

If the נִפְטָר has more than one brother, although all the brothers have a מִצְוָה of יִבּוּם (or חֲלִיצָה), only one of them can perform it.

Thus, in a case where there is more than one brother and more than one wife, only one brother does יִבּוּם or חֲלִיצָה with one wife, after which the other wives no longer have the status of שׁוֹמֶרֶת יָבָם and may remarry.

1 רמב"ם הל' יבום וחליצה פ"א הל' ט' ופ"ה הל' י"א, שו"ע אה"ע סי' קס"א סע' א' ג' וסי' ק"ע סעי' י"ט.

WHICH BROTHER PERFORMS יִבּוּם OR חֲלִיצָה

The eldest brother should perform יִבּוּם.[2] If he cannot[3] or does not want to,[4] one of the other brothers must do יִבּוּם.[5]

...Chananel's two brothers come to their ailing brother's bedside to be with him at this very difficult time. Most probably it will be Gad, the elder brother, who will perform יִבּוּם with one of the wives if Chananel dies...

If none of the brothers want to do יִבּוּם, the eldest brother should perform חֲלִיצָה.[6] If he does not do so, another brother should perform חֲלִיצָה.

צָרַת עֶרְוָה – CO-WIFE OF A FORBIDDEN RELATIVE

As explained (7.7), יִבּוּם cannot be performed with a יְבָמָה who is an עֶרְוָה to the יָבָם. Furthermore, if the נִפְטָר had more than one wife, the יָבָם can also not perform יִבּוּם or חֲלִיצָה with any of the other wives.[7]

...Chananel's health takes an unexpected turn for the better and in a very short time he is perfectly well again. He marries his niece, Gad's daughter, as his third wife.

A few years later, Chananel is נִפְטָר. Gad may not perform יִבּוּם with his own daughter and, therefore, he may also not perform יִבּוּם with the other two wives...

---

2 רמב"ם הל' יבום וחליצה פ"ב הל' ו', שו"ע אה"ע סי' קס"א סע' ד'.

3 כגון שהיה במדינת הים. רמב"ם הל' יבום וחליצה פ"ב הל' ט' ושו"ע אה"ע סי' קס"א סע' ה'. ועי"ש בית שמואל ס"ק ו'.

4 רמב"ם הל' יבום וחליצה פ"ב הל' ז', שו"ע אה"ע סי' קס"א סע' ד'.

5 עי' רמב"ם הל' יבום וחליצה פ"ב הל' י"ב דאם האח הגדול אינו מיבם כל האחים הם שוים. ועי"ש בראב"ד דסובר דכל הגדול מחבירו הוא קודם למצוה וכ"כ השו"ע אה"ע סי' קס"א סע' ד'.

6 רמב"ם הל' יבום וחליצה פ"ב הל' ו' ושו"ע אה"ע סי' קס"א סע' ו'.

7 רמב"ם הל' יבום וחליצה פ"ו הל' ט' י"ד, שו"ע אה"ע סי' קע"ג סע' א'.

However, if there is another brother to whom none of the wives is an עֶרְוָה, he must do יִבּוּם or חֲלִיצָה with one of them.[8]

...Mordechai, the second brother, will have to perform either יִבּוּם or חֲלִיצָה with one of Chananel's three wives.

REMARRIAGE AFTER יִבּוּם OR חֲלִיצָה

After יִבּוּם has been performed:

(1) The נִפְטָר's other wives may remarry.
(2) The יָבָם and the other brothers may not marry any of the נִפְטָר's other wives.[9]

After חֲלִיצָה has been performed:

(1) All of the נִפְטָר's wives may remarry.
(The חֲלוּצָה herself has a similar status to a גְּרוּשָׁה and therefore she may not marry a כֹּהֵן.[10])
(2) The נִפְטָר's brothers, including the one who performed חֲלִיצָה, may not marry the חֲלוּצָה or any of the other wives.[11]

Note:

- ▫ The נִפְטָר's wives may not marry any of their former husband's close relatives (see 8.2).
- ▫ If one of the brothers performed יִבּוּם and later gave the יְבָמָה a גֶּט, she may remarry, but not to the נִפְטָר's other brothers.
- ▫ If one of the brothers performed יִבּוּם and later died without children, she will once again become a שׁוֹמֶרֶת יָבָם. One of the remaining brothers will have to perform יִבּוּם or חֲלִיצָה.[12]

8 רמב"ם הל' יבום וחליצה פ"ו הל' ט"ו, שו"ע אה"ע סי' קע"ג סע' א'.

9 רמב"ם הל' יבום וחליצה פ"א הל' י"ב, שו"ע אה"ע סי' קס"ב סע' א' ב'.

10 רמב"ם הל' איסורי ביאה פי"ז הל' ז' והל' יבום וחליצה פ"ח הל' ב', שו"ע אה"ע סי' ו' סעי' א'. והוא מדברי סופרים.

11 רמב"ם הל' יבום וחליצה פ"א הל' י"ב, שו"ע אה"ע סי' קס"ב סע' ב'.

12 רמב"ם הל' יבום וחליצה פ"ו הל' ט"ו, שו"ע אה"ע סי' קע"ג סע' א'.

7.10

The Laws of a Married Woman Who Committed Adultery

An אֵשֶׁת אִישׁ (married woman) cannot marry anyone else. If she commits זְנוּת בְּמֵזִיד (adultry), the דִין is as follows:

IF עֵדִים TESTIFIED THAT SHE COMMITTED זְנוּת

(1) If she was given הַתְרָאָה (warning), she is put to death by בֵּית דִין. (See 8.5.)

(2) If she cannot be put to death – for example, הַתְרָאָה was not given – she is prohibited to her husband. He must divorce her, and she will not receive the payment of her כְּתוּבָּה (7.3).[1] The woman is also forbidden to marry the man who committed זְנוּת with her.[2]

(*Note:* If she committed זְנוּת either בְּאוֹנֶס or בְּשׁוֹגֵג, her husband may continue living with her.[3] However, if her husband is a כֹּהֵן she is forbidden to him and he must divorce her[4] – see 8.4.)

---

1 רמב"ם הל' אישות פכ"ד הל' ו', שו"ע אה"ע סי' קט"ו סעי' ה.

2 רמב"ם הל' סוטה פ"ב הל' י"ב דכשם שאסורה לבעל כך אסורה לבועל. וכמו כן סוטה שנאסרה על בעלה אסורה על זה שנתיחדה עמו.

3 רמב"ם הל' אישות פכ"ד הל' י"ט, שו"ע אה"ע סי' ו' סעי' י"א.

4 רמב"ם הל' איסורי ביאה פי"ח הל' ז', שו"ע אה"ע סי' ו' סעי' י'.

A סוֹטָה – A WOMAN SUSPECTED OF זְנוּת

If a husband suspects his wife of having a forbidden relationship with a particular man,[5] following which there was: (a) קִינּוּי (warning) – he warned her in front of two עֵדִים not to enter a secluded place with that man; and (b) סְתִירָה (seclusion) – after this warning, two עֵדִים saw them in a secluded place (without witnessing זְנוּת), she becomes a סוֹטָה. She is forbidden to her husband, he must divorce her,[6] and she does not receive her כְּתוּבָּה.

הַשְׁקָאַת סוֹטָה – In the time of the בֵּית הַמִּקְדָּשׁ it was possible to clarify whether she actually committed זְנוּת. If she was found innocent, she would again be permitted to her husband;[7] if found guilty, she would die. The procedure is as follows:

(1) If, when confronted,[8] the woman denies having committed זְנוּת, she is brought to the בֵּית דִּין הַגָּדוֹל in the בֵּית הַמִּקְדָּשׁ, who will try to persuade her to confess her guilt.[9] If she does not confess, she is warned that she will have to drink the מַיִם מָרִים (bitter waters) to prove her innocence.

(2) **שְׁבוּעַת סוֹטָה** – The woman is now instructed to make a שְׁבוּעָה (oath) to the following effect: "If you are innocent, the מַיִם מָרִים will not harm you. However, if you are guilty of זְנוּת the מַיִם מָרִים shall cause your death."[10]

(*Note:* This שְׁבוּעָה is made by the כֹּהֵן saying these words and the woman answering אָמֵן אָמֵן. This is considered as if she made the שְׁבוּעָה herself – see 5.1.)

---

5 ועי' פתחי תשובה חו"מ סי' כ"ח ס"ק ז' שהביא שו"ת נודע ביהודה או"ח סי' ל"ה דעד אחד חייב להגיד לבעל שראה שאשתו זינתה אפילו אם יש ספק אם יאמינו דבריו.

6 עי' רמב"ם הל' אישות פכ"ד הל' כ"ה ושו"ע אה"ע סי' קע"ח סעי' ז' דבזמן הזה שאין מי סוטה חייב להוציאה.

7 רמב"ם הל' סוטה פ"א הל' ב', הל' אישות פכ"ד הל' כ"ד, שו"ע אה"ע סי' קע"ח סעי' א'.

8 עי' רמב"ם הל' סוטה פ"ג הל' א' דבתחילה הבעל בא לב"ד שבעירו.

9 רמב"ם הל' סוטה פ"ג הל' ב'.

10 רמב"ם הל' סוטה פ"ג הל' ז'.

(3) **מְגִילַת סוֹטָה** – Afterwards, the כֹּהֵן writes the wording of the שְׁבוּעָה on a piece of parchment. He takes some water from the כִּיּוֹר and puts it into an earthenware vessel. He then adds earth from the ground of the בֵּית הַמִּקְדָּשׁ as well as bitter herbs to the water. The כֹּהֵן erases the text of the מְגִילָה in the water.[11]

(4) **מִנְחַת סוֹטָה** – The husband brings a קָרְבַּן מִנְחָה of barley. The כֹּהֵן does תְּנוּפָה and the סֵדֶר עֲבוֹדָה of this קָרְבָּן.[12]

(5) **מַיִם הַמָּרִים** – The סוֹטָה is now given the מַיִם מָרִים to drink in order to clarify the truth.

(a) If the woman is guilty, she will die an unpleasant, painful death.[13]

(b) If the woman is not guilty, the מַיִם הַמָּרִים will not harm her; on the contrary, they will bring her blessing (for example, if she previously had no children, now she will bear children).

She is now permitted to continue living with her husband.[14]

ADDITIONAL הֲלָכוֹת OF הַשְׁקָאַת סוֹטָה

If the סוֹטָה refuses to drink the מַיִם מָרִים:

(a) Until the מְגִילָה is erased, she may refuse to drink the מַיִם מָרִים, even if she still claims to be innocent. Her husband must divorce her and she does not receive her כְּתוּבָּה.[15]

---

11 רמב"ם הל' סוטה פ"ג הל' ח'-י'. ונותן לתוכו דבר מר כגון לענה וכיוצא בה שנאמר מי המרים ומוחק לתוכן המגילה.

12 רמב"ם הל' סוטה פ"ג הל' י"ב-י"ד.

13 ירכך נפלת ואת בטנך צבה – במדבר ה:כא

14 רמב"ם הל' סוטה פ"ג הל' ט"ו ט"ז.

15 רמב"ם הל' סוטה פ"ב הל' א'.

(b) Once the מְגִילָה has been erased, if she still claims to be innocent, she will be forced to drink the מַיִם מָרִים.[16] However, if she admits that she committed זְנוּת, she does not drink the מַיִם מָרִים.[17] Her husband must divorce her, and she does not receive her כְּתוּבָּה.

If, before she drinks the מַיִם מָרִים, there are עֵדִים who testify that the סוֹטָה actually committed זְנוּת, the דִּין is as follows:

a. שְׁנֵי עֵדִים – If two עֵדִים testify that the woman committed זְנוּת after being warned, she is חַיָּיב מִיתָה.
b. עֵד אֶחָד – If one עֵד testifies that the woman committed זְנוּת (after קִינּוּי and סְתִירָה), his עֵדוּת is accepted to the extent that she does not drink the מַיִם מָרִים; therefore, her husband must divorce her and she does not receive her כְּתוּבָּה.[18] (See also 3.4.)

Even a woman, a relative of the person involved, or an עֶבֶד כְּנַעֲנִי can testify as an עֵד אֶחָד, although they are normally פָּסוּל לְעֵדוּת.[19]

16 רמב"ם הל' סוטה פ"ד הל' ד'.

17 רמב"ם הל' סוטה פ"ד הל' ו'.

18 רמב"ם הל' סוטה פ"א הל' י"ד, הל' עדות פ"ה הל' ב'. ואינה נוטלת כתובתה.

19 רמב"ם הל' עדות פ"ה הל' ג', הל' סוטה פ"א הל' ט"ו. וגם הפסול לעדות בעבירה מדברי סופרים נאמן. עי' אבי עזרי הל' סוטה פ"א הל' ט"ו דצריכין הגדה בב"ד. ועי"ש בענין מפי הכתב ועד מפי עד.

SECTION EIGHT

Forbidden Marriages

8.1 Overview of Forbidden Marriages

8.2 עֲרָיוֹת – Relatives Whom One Is Forbidden to Marry

8.3 פְּסוּלֵי קָהָל – People Who May Not Marry a Regular Jew

8.4 פְּסוּלֵי כְּהוּנָה – Women Forbidden to a Kohen

8.5 אֵשֶׁת אִישׁ – A Married Woman

8.6 The Status of Forbidden Marriages and Children Born from Them

8.7 Marriage with Non-Jews

8.1

Overview of Forbidden Marriages

THE תּוֹרָה FORBIDS A person to marry certain people and imposes punishments[1] for committing זְנוּת[2] with any of them.[3] Forbidden marriages can be divided into the following categories:

(1) עֲרָיוֹת – Certain close relatives

(2) פְּסוּלֵי קָהָל – People with a particular disqualification which prevents them from marrying into כְּלַל יִשְׂרָאֵל

(3) פְּסוּלֵי כְּהוּנָּה – Women whom a כֹּהֵן may not marry

(4) אֵשֶׁת אִישׁ – A married woman

All אִסּוּרִים and עוֹנְשִׁים discussed in this section apply to the woman

---

1 ע' ערוה"ש אה"ע סי' ד' סעי' ג'.

2 עי' רמב"ם הל' איסורי ביאה פ"א הל' י"ג ושו"ע אה"ע סי' כ' סעי' א' דאם היתה פחותה מבת ג' שנים ויום א' אינו חייב עליה מפני שאין ביאתה ביאה.

3 עי' רמב"ם הל' אישות פ"א הל' ד' דכל הבועל אשה לשם זנות בלא קידושין לוקה מן התורה לפי שבעל קדשה. ועי"ש בראב"ד דאין קדשה אלא מזומנת והיא המופקרת לכל אדם אבל המיחדת עצמה לאיש אחד אין בה לא מלקות ולא איסור לאו והיא הפילגש. ועי' מנחת חינוך מצוה תק"ע דגם לפי הסוברים בדעת הרמב"ם דאינו עובר בלאו אלא במופקרת לכך מ"מ בכל פנויה עובר בעשה דכי יקח איש אשה. עי' רמב"ם הל' איסורי ביאה פ"ד הל' א' ושו"ע יו"ד סי' קפ"ג דהבא על אשה שלא טבלה לנדתה אפילו פנויה חייבים כרת.

as well as to the man.⁴ (Nevertheless, if the woman is אֲנוּסָה she is not punished⁵ – see 2.2.)

(Other forbidden marriages include: מַחֲזִיר גְּרוּשָׁתוֹ – see 7.5; שׁוֹמֶרֶת יָבָם – see 7.7; an אֵשֶׁת אִישׁ who committed זְנוּת after which she is prohibited to her husband – see 7.10.)

---

4   ע' רמב"ם הל' איסורי ביאה פ"א הל' א' ח' ופי"ז הל' ה'. וע"ש דגם היא חייבת חטאת על שוגג.
5   רמב"ם הל' איסורי ביאה פ"א הל' ט'.

8.2

עֲרָיוֹת
Relatives Whom One Is Forbidden to Marry

THE תּוֹרָה FORBIDS A person to marry עֲרָיוֹת – his close relatives. If he commits זְנוּת with one of them, both the man and the woman are punishable.[1]

These עֲרָיוֹת are as follows (grouped according to punishments):

עֲרָיוֹת punishable by סְקִילָה (stoning)[2]

(1) אִמּוֹ – his mother

(2) אֵשֶׁת אָבִיו – his father's wife (even if she is not his mother)

(3) אֵשֶׁת בְּנוֹ – his son's wife

עֲרָיוֹת punishable by שְׂרֵיפָה (burning)[3]

(4) בִּתּוֹ – his daughter

(5) בַּת בִּתּוֹ – his daughter's daughter

---

1 ויקרא יח: ו-כ. רמב״ם הל׳ איסורי ביאה פ״א הל׳ ד׳.
2 רמב״ם הל׳ איסורי ביאה פ״א הל׳ ד׳.
3 רמב״ם הל׳ איסורי ביאה פ״א הל׳ ה׳. וע״ש פ״ב הל׳ ח׳ דשש קרובי אשתו אם בא עליהן לאחר מיתת אשתו הרי אלו בכרת ואין בהן מיתת בית דין.

(6) בַּת בְּנוֹ – his son's daughter

(7) בַּת אִשְׁתּוֹ – his wife's daughter (even if she is not his own daughter)

(8) בַּת בַּת אִשְׁתּוֹ – his wife's daughter's daughter (even if she is not his granddaughter)

(9) בַּת בֵּן אִשְׁתּוֹ – his wife's son's daughter

(10) אֵם אִשְׁתּוֹ – his wife's mother

(11) אֵם אֵם אִשְׁתּוֹ – his wife's maternal grandmother

(12) אֵם אָב אִשְׁתּוֹ – his wife's paternal grandmother

עֲרָיוֹת punishable by כָּרֵת (Divine punishment) and מַלְקוֹת[4]

(13) אֲחוֹתוֹ – his sister

(14) אֲחוֹת אָבִיו – his father's sister

(15) אֲחוֹת אִמּוֹ – his mother's sister

(16) אֲחוֹת אִשְׁתּוֹ – his wife's sister. (This אִסּוּר applies only while his wife is alive.)[5]

(17) אֵשֶׁת אָחִיו – his brother's wife. (If the brother died childless, the מִצְוָה of יִבּוּם may apply – see 7.7.)[6]

(18) אֵשֶׁת אֲחִי אָבִיו מִן הָאָב – his father's brother's wife[7]

(For more details of כָּרֵת refer to 2.6.)

שְׁנִיּוֹת לַעֲרָיוֹת – Marriages Forbidden מִדְּרַבָּנָן

The חֲכָמִים forbade marriage with certain distant relatives in order to

4 ויקרא יח:ו-כ. רמב"ם הל' איסורי ביאה פ"א הל' ז' והל' סנהדרין פי"ט הל' א'. עי' הל' איסורי ביאה פ"ד הל' א' ושו"ע יו"ד סי' קפ"ג דהבא על אשה שלא טבלה לנדתה אפילו פנויה חייבים כרת.

5 רמב"ם הל' איסורי ביאה פ"ב הל' ט', שו"ע אה"ע סי' ט"ו סעי' כ"ו.

6 עי' רמב"ם הל' יבום וחליצה פ"א הל' י"ב ושו"ע אה"ע סי' קס"ב סע' א' דהכונס את יבמתו נאסרו הצרות עליו ועל שאר האחין בעשה. והחולץ ליבמתו נאסרה החלוצה וכל הצרות מדברי סופרים ועי"ש בשו"ע סעי' ב ובב"ש.

7 ע' רמב"ם הל' איסורי ביאה פ"ב הל' ב' ושו"ע אה"ע ס' ט"ו סעי' ח' דאשת אחי אביו מן האב היא מן התורה אבל אשת אחי אביו מן האם היא שנייה ואסורה מדרבנן.

prevent a person from mistakenly marrying one of the עֲרָיוֹת מִן הַתּוֹרָה.[8] These relatives are known as שְׁנִיּוֹת לַעֲרָיוֹת (lit., secondary prohibited women).

Some examples are: (a) אֵם אִמּוֹ (his mother's mother); (b) כַּלַּת בְּנוֹ (his son's daughter-in-law); (c) בַּת בַּת בְּנוֹ (his son's daughter's daughter).[9]

As with many other אִסּוּרִים דְּרַבָּנָן, the transgressor is punishable with מַכַּת מַרְדּוּת.[10] (For an explanation of מַכַּת מַרְדּוּת refer to 2.8.)

8 עי' יבמות כא.

9 רמב"ם הל' אישות פ"א הל' ו', שו"ע אה"ע סי' ט"ו סעי' א'-כ'. והן אם אמו, אם אבי אמו, אם אביו, אם אבי אביו, אשת אבי אביו, אשת אבי אמו, אשת אחי האב מן האם, אשת אחי האם בין מן האם בין מן האב, כלת בנו, כלת בתו, בת בת בנו, בת בן בנו, בת בת בתו, בת בן בתו, בת בן בן אשתו, בת בת בת אשתו, אם אם אבי אשתו, אם אב אם אשתו, אם אם אם אשתו, אם אב אבי אשתו. עי"ש דיש מהן שאין להם הפסק ואפילו אם אם אמו וכו' אסורה לו.

10 רמב"ם הל' איסורי ביאה פ"א הל' ח' ופי"ז הל' ז'.

8.3

פְּסוּלֵי קָהָל
People Who May Not Marry a Regular Jew

THE תּוֹרָה FORBIDS A regular יִשְׂרָאֵל from marrying פְּסוּלֵי קָהָל – people with a certain disqualification. (פְּסוּלֵי קָהָל may marry other פְּסוּלֵי קָהָל[1] or גֵּרִים.[2])

FORBIDDEN BY A לָאו AND PUNISHABLE WITH מַלְקוּת

חַיָּיבֵי לָאוִין – The following are פְּסוּלֵי קָהָל with whom marriage is forbidden by a לָאו and punishable with מַלְקוּת:

(1) מַמְזֵר

A child born from the זְנוּת relationship of a man with one of the עֲרָיוֹת (8.2) is a מַמְזֵר.[3] A child of a מַמְזֵר is also a מַמְזֵר (see 8.6).[4]

---

1 עי' רמב"ם הל' איסורי ביאה פט"ו הל' כ"א ושו"ע אה"ע סי' ד' סעי' כ"ד דממזר מותר לישא ממזרת. ועי' פט"ז הל' ב' וסי' ה' סעי' א' דפצוע דכא וכרות שפכה אסורין לישא ממזרת ועי"ש בראב"ד. עי' מנחת חינוך מצוה תקס"א אות ב' דעמוני ומואבי מותרים בממזרת וגיורת.

2 עי' רמב"ם הל' איסורי ביאה פט"ו הל' ז' ושו"ע אה"ע סי' ד' סעי' כ"ב דממזר מותר לישא גיורת. ועי' פט"ז הל' א' וסי' ה' סעי' א' דפצוע דכא וכרות שפכה מותרין לישא גיורת.

3 עי' רמב"ם הל' איסורי ביאה פט"ו הל' א' ושו"ע אה"ע סי' ד' סעי' י"ג. אבל הבא מחייבי לאוין אינו ממזר.

4 רמב"ם הל' איסורי ביאה פט"ו הל' ז', שו"ע אה"ע סי' ד' סעי' י"ח.

The פְּסוּל of מַמְזֵר applies to both men and women. It follows that a יִשְׂרָאֵל is forbidden to marry a מַמְזֶרֶת and a יִשְׂרְאֵלִית may not marry a מַמְזֵר.[5]

(2) מוֹאָבִי and עַמּוֹנִי

An עַמּוֹנִי is a male member of the nation of עַמּוֹן who became a גֵּר. A מוֹאָבִי is a male member of the nation of מוֹאָב who became a גֵּר. This אִסּוּר carries over to their sons, their son's son, etc.[6]

Moshe, the son of a גֵּר מוֹאָבִי, may not marry a regular יִשְׂרְאֵלִית. His son is also forbidden to marry a יִשְׂרְאֵלִית, but his daughter may marry a regular יִשְׂרָאֵל.

FORBIDDEN BY AN עֲשֵׂה

חַיָּבֵי עֲשֵׂה – The following are פְּסוּלֵי קָהָל with whom marriage is forbidden by an עֲשֵׂה:

(3) אֲדוֹמִי and מִצְרִי

A מִצְרִי is a man or woman from the nation of מִצְרַיִם who became a גֵּר. An אֲדוֹמִי is a man or woman from the nation of אֱדוֹם who became a גֵּר. This אִסּוּר applies to the גֵּר himself (דּוֹר רִאשׁוֹן) and to his children (דּוֹר שֵׁנִי). His grandchildren (דּוֹר שְׁלִישִׁי) may marry into כְּלַל יִשְׂרָאֵל.[7]

(*Note*: When one parent is דּוֹר שְׁלִישִׁי and the other parent is דּוֹר שֵׁנִי, their child is דּוֹר שֵׁנִי.)

Yosef, a מִצְרִי who became a גֵּר, may not marry a regular יִשְׂרְאֵלִית. He marries Basya, a גִּיּוֹרֶת מִצְרִית. Their son Yehudah and their daughter Yehudis may not marry regular יִשְׂרְאֵלִים.

Yehudah marries the daughter of a מִצְרִי couple who are גֵּרִים. Since both

---

5 רמב"ם הל' איסורי ביאה פט"ו הל' ב'.

6 רמב"ם הל' איסורי ביאה פי"ב הל' י"ח, שו"ע אה"ע סי' ד' סעי' ב'.

7 רמב"ם הל' איסורי ביאה פי"ב הל' י"ט כ', שו"ע אה"ע סי' ד' סעי' ג'.

Yehudah and his wife have the status of מִצְרִי שֵׁנִי, their children may marry regular יִשְׂרְאֵלִים.

Yehudis marries a גֵר מִצְרִי. Since her husband is a מִצְרִי רִאשׁוֹן, their children are considered שְׁנִים, and they too may not marry regular יִשְׂרְאֵלִים.

פְּסוּל קָהָל WHICH IS FORBIDDEN מִדְּרַבָּנָן

(4) **נְתִינִים**

A נָתִין is a man or woman who is a descendant of the גִּבְעוֹנִים (gentiles who became גֵּרִים in the time of יְהוֹשֻׁעַ).[8] (This אִסּוּר is punishable with מַכַּת מַרְדּוּת – see 2.8.)

(*Note*: Nowadays, since it is not known who the descendants of these nations are, it is permitted to marry all גֵּרִים.[9])

פְּצוּעַ דַּכָּא and כְּרוּת שָׁפְכָה – Men who have certain physical blemishes are also פְּסוּלֵי קָהָל and they may not marry a regular יִשְׂרְאֵלִית.[10]

8 רמב"ם הל' איסורי ביאה פי"ב הל' כ"ב-כ"ד, שו"ע אה"ע סי' ד' סעי' א'.

9 רמב"ם הל' איסורי ביאה פי"ב הל' כ"ה, שו"ע אה"ע סי' ד' סעי' י'. והטעם דכשעלה סנחריב מלך אשור בלבל כל האומות. שיטת הרא"ש המובאת בשו"ע היא דמצרי באיסורו עומד.

10 עי' רמב"ם הל' איסורי ביאה פט"ז ושו"ע אה"ע סי' ה' הגדרת פצוע דכא וכרות שפכה.

8.4

פְּסוּלֵי כְהוּנָּה

Women Forbidden to a Kohen

A כֹּהֵן MAY NOT MARRY any of the following women:[1]

(1) גְּרוּשָׁה (a divorcée – see 7.5)[2]

(2) חֲלוּצָה (see 7.8)[3]

(3) זוֹנָה (see below)

(4) חֲלָלָה (see below and 8.6)

Additionally, a כֹּהֵן גָּדוֹל may not marry a widow.[4] It is a מִצְוָה for him to marry a בְּתוּלָה[5] who is still a נַעֲרָה.[6]

---

1 רמב"ם הל' איסורי ביאה פי"ז הל' א', שו"ע אה"ע סי' ו' סעי' א'.

2 עי' רמב"ם הל' איסורי ביאה פי"ז הל' י"ח ושו"ע אה"ע סי' ו' סעי' א' דגרושה בין מן האירוסין ובין מן הנישואין אסורה.

3 רמב"ם הל' איסורי ביאה פי"ז הל' ז' והל' יבום וחליצה פ"ח הל' ב', שו"ע אה"ע סי' ו' סעי' א'.

4 רמב"ם הל' איסורי ביאה פי"ז הל' א'. ע"ש הל' י"א דאלמנה בין מן האירוסין ובין מן הנישואין אסורה. וע"ש הל' ג' דאם בא עליה לוקה אע"פ שלא קידש.

5 עי' רמב"ם הל' איסורי ביאה פי"ז הל' י"ד דה"ה דלא ישא מוכת עץ.

6 רמב"ם הל' איסורי ביאה פי"ז הל' י"ג.

(*Note:* The above אִסּוּרִים carry the punishment of מַלְקוּת,⁷ except for the אִסּוּר of חֲלוּצָה, which is מִדְּרַבָּנָן and carries the punishment of מַכַּת מַרְדּוּת – see 2.8.)⁸

The following women have the פְּסוּל of זוֹנָה:⁹

(a) A woman who has committed זְנוּת with a man whom she would not be allowed to marry, such as עֲרָיוֹת or חַיָּיבֵי לָאוִין,¹⁰ including an אֵשֶׁת אִישׁ who has committed זְנוּת.¹¹ This applies even if it was done בְּאוֹנֶס (against her will).¹²

(b) A woman who has been married¹³ to a חָלָל.¹⁴

(c) A גִּיּוֹרֶת (convert).¹⁵

The following women have the פְּסוּל of חֲלָלָה:¹⁶

(a) A girl whose father is a כֹּהֵן and whose mother is one of the פְּסוּלֵי כְּהוּנָה.

(b) The daughter of a חָלָל.¹⁷

(c) One of the פְּסוּלֵי כְּהוּנָה who committed זְנוּת with a כֹּהֵן. For example, if a כֹּהֵן גָּדוֹל married an אַלְמָנָה, she becomes a חֲלָלָה and is forbidden even to a כֹּהֵן הֶדְיוֹט.

---

7 עי' רמב"ם הל' איסורי ביאה פט"ו הל' ב' דאין לך בכל חייבי לאוין מי שלוקה על הבעילה בלא קידושין אלא כהן גדול באלמנה. ועי' ראב"ד שם דגם שארי חייבי לאוין לוקה בלא קידושין כגון ממזרת.

8 רמב"ם הל' איסורי ביאה פי"ז הל' ז'.

9 רמב"ם הל' איסורי ביאה פי"ח הל' א', שו"ע אה"ע סי' ו' סעי' ח'.

10 ואפילו אחרי קידושין ונישואין.

11 עי' רמב"ם הל' איסורי ביאה פי"ח הל' ח' ושו"ע אה"ע סי' ו' סעי' י"א דאשת ישראל שנאנסה אע"פ שהיא מותרת לבעלה הרי היא אסורה לכהונה.

12 עי' רמב"ם הל' איסורי ביאה פי"ח הל' ז' ושו"ע אה"ע סי' ו' סעי' י' דאשת כהן שנאנסה אסורה לבעלה.

13 דהיינו שנבעלה לחלל.

14 עי' רמב"ם הל' איסורי ביאה פי"ח הל' א' דאע"פ שהיא מותרת להנשא לו.

15 רמב"ם הל' איסורי ביאה פי"ח הל' ג', שו"ע אה"ע סי' ו' סעי' ח'.

16 רמב"ם הל' איסורי ביאה פי"ט הל' א', שו"ע אה"ע סי' ז' סעי' י"ב. עי' פי"ט הל' ח' דזרעה של חלוצה מכהן חללים מדבריהן.

17 רמב"ם הל' איסורי ביאה פי"ט הל' י"ד, שו"ע אה"ע סי' ז' סעי' ט"ז.

8.5

אֵשֶׁת אִישׁ
A Married Woman

An אֵשֶׁת אִישׁ[1] is an עֶרְוָה to all other men. If a person commits זְנוּת with her, they both receive the מִיתַת בֵּית דִּין of חֶנֶק (strangulation).[2]

In the following situations a different punishment is given:

- בַּת כֹּהֵן – If the married woman[3] is the daughter of a כֹּהֵן, she receives שְׂרֵיפָה. (The man receives חֶנֶק.)[4]
- נַעֲרָה מְאוֹרָסָה – If she has had אֵרוּסִין but not נִשּׂוּאִין,[5] and she is a נַעֲרָה,[6] both the man and the woman receive סְקִילָה.[7]

(For details of the מִיתוֹת בֵּית דִּין refer to 2.3.)

---

1 ואפילו היא רק מקודשת. עי' רמב"ם הל' אישות פ"א הל' ג'.

2 עי' רמב"ם הל' איסורי ביאה פ"ג הל' ח' הא למדת שבאשת איש שלש מיתות.

3 עי' רמב"ם הל' איסורי ביאה פ"ג הל' ג' דבין שהיה בעלה כהן בין שהיה ישראל.

4 רמב"ם הל' איסורי ביאה פ"א הל' ו' ופ"ג הל' ג'.

5 עי' רמב"ם הל' איסורי ביאה פ"ג הל' ד' דדוקא כשהיא בתולה ובבית אביה.

6 עי' רמב"ם הל' איסורי ביאה פ"ג הל' ה' דאם היא קטנה הוא בסקילה והיא פטורה.

7 רמב"ם הל' איסורי ביאה פ"א הל' ו' ופ"ג הל' ד'. ועי"ש פ"ג הל' ט'-י"א היכן סוקלין אותה.

8.6

The Status of Forbidden Marriages and Children Born from Them

THE VALIDITY OF FORBIDDEN MARRIAGES

(1) **עֲרָיוֹת** – If קִדּוּשִׁין would be performed with someone whose relationship is defined as עֶרְוָה (8.2), it would not take effect.[1]

(2) **Other forbidden marriages** – קִדּוּשִׁין would take effect if performed with a woman who is in one of the following categories: חַיָּיבֵי עֲשֵׂה, חַיָּיבֵי לָאוִין, פְּסוּלֵי קָהָל, or שְׁנִיּוֹת לַעֲרָיוֹת. Similarly, if a כֹּהֵן performs קִדּוּשִׁין with one of the פְּסוּלֵי כְּהוּנָה, it would take effect. However, the couple may not live together, and the man must give the woman a גֵּט.[2]

THE STATUS OF CHILDREN BORN FROM FORBIDDEN MARRIAGES[3]

(1) **עֲרָיוֹת** – A child born from the זְנוּת relationship[4] of a man with one of the עֲרָיוֹת (8.2) is a מַמְזֵר.[5]

---

1 רמב"ם הל' אישות פ"ד הל' י"ב, שו"ע אה"ע סי' ט"ו סעי' א' וסי' מ"ד סעי' ו'. חוץ מן הנדה שהקידושין תופסין בה.

2 רמב"ם הל' אישות פ"ד הל' י"ד ופכ"ד הל' ב' ד', שו"ע אה"ע סי' מ"ד סעי' ז' וסי' קנ"ד סעי' כ'.

3 קידושין סו:

4 עי' קידושין סו: כיון שיש עבירה ואין קידושין תופסין אבל היכא דקידושין תופסין אע"פ שיש עבירה הולד כשר כגון מחזיר גרושתו ויבמה לשוק וכדו'. אבל אם יש פגום אז נאמר הדין שהולד הולך אחר הפגום.

5 רמב"ם הל' איסורי ביאה פט"ו הל' א', שו"ע אה"ע סי' ד' סע' י"ג. חוץ מן הנדה שהבן ממנה אינה ממזר.

(2) **פְּסוּלֵי קָהָל** – A child born from one of the פְּסוּלֵי קָהָל (8.3) bears the same פְּסוּל as their parents.

Therefore:

- **מַמְזֵר** – If one of the parents is a מַמְזֵר, the child is a מַמְזֵר.[6] This status continues through the generations.
- **עַמּוֹנִי and מוֹאָבִי** – The son of a גֵּר from the nations of עַמּוֹן and מוֹאָב also has the status of an עַמּוֹנִי or מוֹאָבִי (his daughter does not). The son's son will also have the status of an עַמּוֹנִי or מוֹאָבִי, and so on through the generations.[7]
- **מִצְרִי and אֱדוֹמִי** – A child of a גֵּר from the nations of מִצְרַיִם and אֱדוֹם is פָּסוּל לַקָּהָל. Their children are מוּתָּר לַקָּהָל.[8]

(3) **פְּסוּלֵי כְּהוּנָּה** – Children born from a כֹּהֵן and one of the פְּסוּלֵי כְּהוּנָּה (8.4) are חֲלָלִים.[9]

חָלָל – A male child is a חָלָל and is not regarded as a כֹּהֵן at all.[10] (a) He may marry any woman, even one of the פְּסוּלֵי כְּהוּנָּה; (b) his children are also חֲלָלִים;[11] and (c) he may not do the עֲבוֹדָה in the בֵּית הַמִּקְדָּשׁ, eat תְּרוּמָה, or perform בִּרְכַּת כֹּהֲנִים.

---

6 רמב"ם הל' איסורי ביאה פט"ו הל' ז', שו"ע אה"ע סי' ד' סעי' כ"ב. ועי"ש הל' א' וסעי' י"ג דכל צאצאיהם אסורים לעולם.

7 רמב"ם הל' איסורי ביאה פי"ב הל' י"ח, שו"ע אה"ע סי' ד' סעי' ב'.

8 רמב"ם הל' איסורי ביאה פי"ב הל' י"ט-כ', שו"ע אה"ע סי' ד' סעי' ג'.

9 רמב"ם הל' איסורי ביאה פי"ט הל' א', שו"ע אה"ע סי' ז' סעי' י"ב. ע"ש בהל' י"ד ובסעי' ט"ז דחלל שנשא כשרה הולד ממנה חלל וכן בן בנו כלם חללים עד סוף כל הדורות.

10 עי' רמב"ם הל' ביכורים פ"ט הל' כ' דאין חללים בכלל כהנים, הל' איסורי ביאה פי"ט הל' י' דחלל של תורה הודאי הרי הוא כזר ונושא גרושה ומטמא למתים, הל' ביאת המקדש פ"ו הל' י' דחלל אינו עובד בבית המקדש.

11 רמב"ם הל' איסורי ביאה פי"ט הל' י"ד, שו"ע אה"ע סי' ז' סעי' ט"ז.

חֲלָלָה – A female child is a חֲלָלָה.[12] She may not marry a כֹּהֵן. However, she may marry a יִשְׂרָאֵל, in which case her children are regular יִשְׂרְאֵלִים and her daughter may marry a כֹּהֵן.[13]

(4) Children born from other forbidden marriages, such as, מַחֲזִיר גְּרוּשָׁתוֹ (7.5);[14] שׁוֹמֶרֶת יָבָם (7.7);[15] an אֵשֶׁת אִישׁ who committed זְנוּת who is prohibited to her husband (7.10.);[16] and שְׁנִיוֹת לַעֲרָיוֹת (8.2), do not carry any פְּסוּל.

12 עי' רמב"ם הל' תרומות פ"י הל' י"ב דמשמע דחללה אינה אוכלת בתרומה.

13 רמב"ם הל' איסורי ביאה פי"ט הל' י"ד, שו"ע אה"ע סי' ז' סעי' ט"ז.

14 רמב"ם הל' איסורי ביאה פט"ו הל' ב'.

15 שו"ע אה"ע סי' קנ"ט סעי' ב' ועי"ש די"א שהולד הוא ממזר מדרבנן.

16 יבמות מט:.

8.7

Marriage with Non-Jews

THE CONCEPT OF קִדּוּשִׁין does not exist with non-Jews.[1] Therefore, a marriage cermony between a Jew and a non-Jew has no effect.

Any marital relationship between a Jew and a non-Jew is forbidden. (For details of the punishment for זְנוּת with them, refer to footnotes.)[2]

Similarly, a Jewish woman is forbidden to marry an עֶבֶד כְּנַעֲנִי (male slave),[3] and a שִׁפְחָה כְּנַעֲנִית (female slave) is forbidden to marry a Jewish man.[4]

(An exception to this rule is the דִּין of a שִׁפְחָה כְּנַעֲנִית who is permitted to an עֶבֶד עִבְרִי – for more details, see vol. II, 8.3.)

---

1 רמב"ם הל' אישות פ"ד הל' ט"ו, שו"ע אה"ע סי' מ"ד סעי' ח'.

2 רמב"ם הל' איסורי ביאה פי"ב הל' א' ושו"ע אה"ע סי' ט"ז סעי' א'. עי"ש דאם הביאה היתה דרך חתנות הרי אלו לוקין מן התורה. ועי"ש הל' ב' דאם בא עליה דרך זנות מכין אותו מכת מרדות. ועי"ש הל' ד' וסעי' ב' דאם בעלה בפרהסיא קנאין פוגעין בו. ועי"ש הל' ו' וסעי' ב' דאם לא פגעו בו הקנאים ולא הלקוהו בית דין הוא בכרת.

3 עי' רש"י דברים כג: יח.

4 רמב"ם הל' איסורי ביאה פי"ב הל' י"א, שו"ע אה"ע סי' ט"ז סעי' ג'. עי"ש דהבא עליה מכין אותו מכת מרדות. ועי"ש בביאור הגר"א ס"ק י"ב דהביא שיטת הראשונים שהוא מדאורייתא.

SECTION NINE

The הֲלָכוֹת that Depend on a Girl or Woman's Age and Status

9.1 קַטְנוּת וְגַדְלוּת – Introduction to the Stages of Childhood and Adulthood

9.2 Accepting Marriage and Divorce on Behalf of One's Daughter

9.3 קִדּוּשִׁין דְרַבָּנָן וּמִאיוּן – Laws of Marriage of an Orphan Girl

9.4 The Income of a Girl or Woman

9.5 אוֹנֵס וּמְפַתֶּה – Penalties for זְנוּת with an Unmarried Girl

9.6 מוֹצִיא שֵׁם רַע – A Man Who Falsely Accuses His Wife of Adultery

HALACHIC ADULTHOOD

9.1

קַטְנוּת וְגַדְלוּת
Introduction to the Stages of Childhood and Adulthood

THERE ARE TWO HALACHIC stages in a person's life: קַטְנוּת (childhood) and גַּדְלוּת (adulthood).

MEN

From when a boy is born until he reaches the age of thirteen years, he is a קָטָן.[1] Once he reaches the age of thirteen[2] and סִימָנִים (signs of physical maturity) have developed,[3] he is a גָּדוֹל.

(*Note:* If סִימָנִים have not yet developed by thirteen, he remains a קָטָן until they appear.)

WOMEN

A girl, from birth until she reaches the age of twelve years, is a קְטַנָּה.[4]

---

1 רמב"ם הל' אישות פ"ב הל' י'. עי"ש הל' כ"ד כ"ה מה הוא אנדרוגינוס ומה הוא טומטום.

2 ע' רמב"ם הל' אישות פ"ב הל' כ"א דהשנים הם לפי סדר העיבור שבהן פשוטות ומעוברות ע"פ ב"ד.

3 ע' רמב"ם הל' אישות פ"ב הל' י' ט"ז י"ז מה הם הסימנים. ועי"ש הל' י"א י"ב דאם הוא בן עשרים שנה פחות שלשים יום ולא הביא שתי שערות ונראו בו אחד מסימני סריס הרי הוא סריס ודינו כגדול ואם לא נראו בו לא סימני סריס הרי הוא קטן עד שהגיע לל"ה שנה ויום אחד ואז הוא גדול.

4 רמב"ם הל' אישות פ"ב הל' א'. ועי' הל' י"ח דאם הבת והבן הביאו סימנים בתוך זמנם הרי אלא כשומא.

Once she reaches the age of twelve and סִימָנִים have developed,[5] she is a גְּדוֹלָה.

The stage of גַּדְלוּת of a woman is further divided into:[6]

- נַעֲרוּת – For the first six months of גַּדְלוּת, she is classified as a נַעֲרָה.
- בַּגְרוּת – After six months she becomes a בּוֹגֶרֶת and remains so for the rest of her life.[7]

(*Note:* If סִימָנִים have not yet developed by twelve, she remains a קְטַנָּה until they develop. Once סִימָנִים appear[8] she becomes a נַעֲרָה, remaining so for six months.[9])

Her father's authority – During the stages of קַטְנוּת and נַעֲרוּת a girl is in her father's רְשׁוּת, giving him authority over certain issues relating to her, as discussed below. This applies even if she is already an אֲרוּסָה. There are three possible ways in which she will leave his רְשׁוּת: a) when reaching בַּגְרוּת; b) by having נִשּׂוּאִין;[10] or c) if her father dies.

Her husband's authority – A נְשׂוּאָה is in her husband's רְשׁוּת, meaning that he has authority over certain issues relating to her (see below). This applies whether she is a קְטַנָּה, נַעֲרָה, or בּוֹגֶרֶת. She leaves his רְשׁוּת: a) if he divorces her; or b) when he dies.

(The concepts of אֲרוּסָה, נִשּׂוּאִין, and נְשׂוּאָה are explained in detail in section 7.)

5 ע' רמב"ם הל' אישות פ"ב הל' ז' ח' ט' ט"ז י"ז מה הם הסימנים.

6 רמב"ם הל' אישות פ"ב הל' ב'.

7 שם.

8 ע' רמב"ם הל' אישות פ"ב הל' ד'-ה' דאם היא בת עשרים שנה פחות שלשים יום ולא הביאה שתי שערות ונראו בה סימני אילונית הרי היא אילונית והרי היא בוגרת. ואם לא נראו בה לא סימני אילונית ולא סימני נערות הרי היא קטנה עד שהגיע לל"ה שנה ויום אחד ואז תצא מקטנותה לבגרות.

9 רמב"ם הל' אישות פ"ב הל' ג'.

10 רמב"ם הל' אישות פ"ג הל' י"ב, שו"ע אה"ע סי' ל"ז סעי' ג'.

THE HALACHIC ISSUES DEPENDING ON A WOMAN'S STATUS

The following halachic issues depend on whether a woman is a קְטַנָּה, נַעֲרָה, or בּוֹגֶרֶת and whether she is a פְּנוּיָה (unmarried), אֲרוּסָה, or נְשׂוּאָה:

(a) Who can accept קִדּוּשִׁין and גֵּירוּשִׁין for her (9.2)
(b) When קִדּוּשִׁין דְּרַבָּנָן and מֵאִיּוּן can be performed (9.3)
(c) Who is entitled to her income and gains (9.4)
(d) The punishment for זְנוּת committed with a married girl (נַעֲרָה מְאוֹרָסָה – 8.5)
(e) Whether a קְנָס is payable by an אוֹנֵס and a מְפַתֶּה (9.5)
(f) Whether a husband is punished for falsely accusing his wife of having committed זְנוּת (מוֹצִיא שֵׁם רָע – 9.6)
(g) Whether she may marry a כֹּהֵן גָּדוֹל (8.4)
(h) Whether her father can annul her נְדָרִים (6.6)
(i) Whether she may be sold by her father as an אָמָה עִבְרִיָּה (vol. II, 8.5)

> ☐ קְטַנִּים are not obligated to keep the מִצְוֹת and are not punishable for transgressing them (see 1.2).
>
> ☐ קְטַנִּים are not held accountable for injury and damage that they cause (see vol. II, 2.1).[11]
>
> ☐ A קָטָן is פָּסוּל לְעֵדוּת (see 4.2).
>
> ☐ קְטַנִּים are able to make נְדָרִים and הֶקְדֵּשׁוֹת from one year before reaching גַּדְלוּת (see 6.4).
>
> ☐ In certain instances, קִנְיָנִים made by קְטַנִּים are valid (see vol. II, 6.6).

---

11 רמב״ם הל' חובל ומזיק פ״ד הל' כ', שו״ע חו״מ סי' תכ״ד סעי' ח'. ואפילו הגדילו אינם חייבים לשלם.

9.2

Accepting Marriage and Divorce on Behalf of One's Daughter

THE תּוֹרָה GIVES A father the power to accept the קִדּוּשִׁין and גֵּירוּשִׁין on behalf of his young daughter[1] – depending on her age and status.

1. WHEN SHE IS IN HER FATHER'S רְשׁוּת

Accepting קִדּוּשִׁין

If she is a קְטַנָּה or נַעֲרָה – her father can accept her קִדּוּשִׁין.
Once she is a בּוֹגֶרֶת – she can accept her קִדּוּשִׁין.[2]

Receiving Her גֵּט When She Is an אֲרוּסָה

If she is a קְטַנָּה – her father can receive her גֵּט.[3]
If she is a נַעֲרָה – she or her father receives her גֵּט.[4]
Once she is a בּוֹגֶרֶת – she receives her own גֵּט.

---

1 רמב"ם הל' אישות פ"ג הל' י"ב, שו"ע אה"ע סי' ל"ז סעי' א'. עי' פ"ז הל' ט"ז דהאב יכול לקבל קידושין אם תלד אשתו נקבה משהוכר העובר. ועי"ש דראב"ד סובר דאינה מקודשת.

2 רמב"ם הל' אישות פ"ג הל' י"ב, שו"ע אה"ע סי' ל"ז סעי' ב'.

3 רמב"ם הל' גירושין פ"ב הל' י"ח, שו"ע אה"ע סי' קמ"א סעי' ד'. עי"ש בשו"ע די"א דהיא יכולה לקבל גיטה. ועי"ש סעי' ו' די"א שכל שאינה מבחנת בין גיטה לדבר אחר אינה מתגרשת אפי' ע"י אביה.

4 רמב"ם הל' גירושין פ"ב הל' י"ח, שו"ע אה"ע סי' קמ"א סעי' ב'.

(*Note*: After she gets divorced, and she is still a קְטַנָּה or a נַעֲרָה, the father can accept her קִדּוּשִׁין for a second time.⁵)

2. WHEN SHE IS NO LONGER IN HER FATHER'S רְשׁוּת

If she is a נְשׂוּאָה or יְתוֹמָה (orphan), she is no longer in her father's רְשׁוּת and the דִּין is as follows:

Accepting קִדּוּשִׁין

If she is a קְטַנָּה, it is not possible מִן הַתּוֹרָה for her to get married. (For קִדּוּשִׁין דְּרַבָּנָן refer to 9.3.)

If she is a נַעֲרָה or a בּוֹגֶרֶת, she can accept her קִדּוּשִׁין.⁶

Receiving Her גֵּט

Only she can receive her גֵּט. This applies even if she is a קְטַנָּה, provided that she has reached a reasonable level of intelligence.⁷

---

5 רמב"ם הל' אישות פ"ג הל' י"א, שו"ע אה"ע סי' ל"ז סעי' א'.
6 נערה יתומה מקבלת קידושין בעצמה מפני שהיא גדולה (עי' רמב"ם הל' גירושין פי"א הל' ו').
7 רמב"ם הל' גירושין פ"ב הל' י"ט, שו"ע אה"ע סי' קמ"א סעי' ו'. דהיינו שמבחנת בין גיטה לדבר אחר.

9.3

קִדּוּשִׁין דְּרַבָּנָן וּמִיאוּן

Laws of Marriage of an Orphan Girl

A קְטַנָּה WHO IS NO longer in her father's רְשׁוּת cannot get married מִן הַתּוֹרָה (see 9.2). Since this would leave her without the protection of a husband,[1] the חֲכָמִים instituted קִדּוּשִׁין דְּרַבָּנָן, enabling her to get married.[2] This קִדּוּשִׁין can be accepted by either (a) her mother, (b) her brothers,[3] or (c) the girl herself.[4]

(*Note:* This קִדּוּשִׁין must be done with her consent,[5] as opposed to קִדּוּשִׁין accepted by her father – see 7.2.)

מִיאוּן – ANNULMENT OF קִדּוּשִׁין דְּרַבָּנָן

If, while she is still a קְטַנָּה, she decides that she no longer wants this

1 ע' ערוה"ש אה"ע סי' קנ"ה סעי' ב' מדוע ביתומה בחיי האב תקנו לה רבנן נישואין הא יש לה אב שישמרנה.

2 עי' רמב"ם הל' אישות פ"ד הל' ז' ושו"ע אה"ע סי' קנ"ה סעי' ב' דהיא מתקדשת למיאון כשהיא מבת שש עד סוף עשר ומבחנת ומכרת עסקי הנישואין וקידושין וכשהיא מבת עשר ומעלה מתקדשת לדעתה אע"פ שהיא סכלה ביותר ופחותה מבת שש אין כאן קידושין.

3 רמב"ם הל' גירושין פי"א הל' ז'. ועי"ש דמתקדשת ע"י קרוביה. עי' ערוה"ש אה"ע סי' קנ"ה סעי' ג' דכתב דנשאת ע"י בית דין ועי' רמ"א אה"ע סי' קנ"ה סעי' א'.

4 רמב"ם הל' אישות פ"ד הל' ז'. עי' ערוה"ש אה"ע סי' קנ"ה סעי' ג'.

5 רמב"ם הל' גירושין פי"א הל' ז' ושו"ע אה"ע סי' קנ"ה סעי' א'.

marriage, she can cancel it.⁶ This is done by her saying, in front of two עֵדִים, "I do not want this husband."⁷

Note:

- Through מִיאוּן, the קִדּוּשִׁין דְּרַבָּנָן is considered never to have taken place. Therefore, the girl is permitted to marry her former husband's relatives, and he is permitted to marry her relatives.⁸
- קִדּוּשִׁין דְּרַבָּנָן can also be ended with a גֵּט.⁹

---

6 רמב"ם הל' גירושין פי"א הל' ד', שו"ע אה"ע סי' קנ"ה סעי' י"ב. עי' ב"ש ס"ק א' די"א דאם נתקדשה ע"י אמה ואחיה ולא נישאת אינה צריכה למאן.

7 רמב"ם הל' אישות פ"ד הל' ח' והל' גירושין פי"א הל' ח'.

8 רמב"ם הל' גירושין פי"א הל' ט"ז, שו"ע אה"ע סי' קנ"ה סעי' י'.

9 רמב"ם הל' גירושין פי"א הל' ט"ז, שו"ע אה"ע סי' ו' סעי' ב'.

9.4

The Income of a Girl or Woman

THE INCOME OF A girl or woman may belong to either: (a) her father, (b) her husband, or (c) herself. This depends on her status, as discussed below.

(*Note*: Income includes her מַעֲשֵׂה יָדַיִם – wages or items which she produces – and her מְצִיאוֹת – objects which she finds.)

THE INCOME OF A פְּנוּיָה OR אֲרוּסָה

The entitlement to a girl's income while she is a פְּנוּיָה or אֲרוּסָה is as follows:[1]

(a) קְטַנָּה or נַעֲרָה – As long as she is a קְטַנָּה or a נַעֲרָה, she is in her father's רְשׁוּת and he is therefore entitled to her income.[2]

(b) בּוֹגֶרֶת – Once she is a בּוֹגֶרֶת, her income belongs to her.[3]

---

1 רמב"ם הל' אישות פ"ג הל' י"א י"ב, שו"ע אה"ע סי' ל"ז סעי' א' ב'.

2 עי' רמב"ם הל' חובל ומזיק פ"ד הל' י"ד ושו"ע חו"מ סי' תכ"ד סעי' ו' דהחובל בבת קטנה של אחר זוכה האב בנזק הפוחתה מכספה וכן שבתה של האב. וע"ש ברמ"א יתר דינים. ועי' רמב"ם הל' אישות פ"ג הל' י"א ושו"ע אה"ע סי' ל"ז סעי' א' דכתובתה לאביה היא כשהמארס כתב לה כתובה ומת או גרשה לפני הנישואין עד שתבגר.

3 עי' רמב"ם הל' גזילה ואבדה פי"ז הל' י"ג ושו"ע חו"מ סי' ע"ר סעי' ב' דאם היא סמוכה על שולחן אביה מציאתה לאביה. וכתב הרמ"א דה"ה אם הרויחה בסחורה או מלאכה. ועי' בנתיבות המשפט שם ס"ק א' ובערוה"ש שם סעי' ו'.

Furthermore, a father has the right to sell his daughter as an אָמָה עִבְרִיָּה while she is a קְטַנָּה (see vol. II, 8.5).⁴

THE INCOME OF A נְשׂוּאָה

A נְשׂוּאָה's income belongs to her husband, whether she is a קְטַנָּה, נַעֲרָה, or בּוֹגֶרֶת.⁵ (See 7.3.)

When her husband divorces her or dies, she does not return to her father's רְשׁוּת. Therefore, all her income is her own even if she is still a קְטַנָּה.⁶

---

4 רמב"ם הל' עבדים פ"ד הל' א'. ועי' פ"ג הל' ט"ו דהענקה היא של אביה ואם מת אביה קודם שיבואו לידו הרי הן של עצמה.

5 רמב"ם הל' אישות פכ"א הל' א', שו"ע אה"ע סי' פ' סעי' א'.

6 רמב"ם הל' אישות פ"ג הל' י"ב, שו"ע אה"ע סי' ל"ז סעי' ג'.

9.5

אוֹנֵס וּמְפַתֶּה

Penalties for זְנוּת with an Unmarried Girl

IF A PERSON COMMITS זְנוּת[1] with an unmarried girl[2] while she is a קְטַנָּה or a נַעֲרָה,[3] the דִּין is as follows:[4]

אוֹנֵס – AGAINST HER WILL

(1) He pays a קְנָס[5] of fifty סְלָעִים to her father.[6]

(2) He must marry the girl (as long as she and her father agree).

(3) After marrying her,[7] he may not divorce her against her will, and if he does so, he must remarry her.[8]

---

1 עי' רמב"ם הל' נערה בתולה פ"א הל' ח' דדוקא כשבא עליה בעדים.

2 דהיינו בתולה.

3 רמב"ם הל' נערה בתולה פ"א הל' ח'.

4 הגדרת אונס ומפתה ועיקר דיניהם מבוארים ברמב"ם הל' נערה בתולה פ"א הל' ב' ג'.

5 עי' רמב"ם הל' נערה בתולה פ"ב הל' ב' י"ד דגם משלם בושת ופגם לאב והאונס משלם גם צער לאב.

6 רמב"ם הל' נערה בתולה פ"א הל' א'.

7 עי' רמב"ם הל' נערה בתולה פ"א הל' ד' דאין לה כתובה.

8 רמב"ם הל' נערה בתולה פ"א הל' ז'.

מְפַתֶּה – WITH HER CONSENT

(1) He pays a קְנָס of fifty סְלָעִים to her father.

(2) If he wishes, and the girl and her father agree, he may marry her, in which case he does not pay the קְנָס.[9]

(This קְנָס is also discussed in vol. II, 5.8.)

---

9 רמב"ם הל' נערה בתולה פ"א הל' ג'. מפני שכותב לה כתובה.

9.6

מוֹצִיא שֵׁם רַע

A Man Who Falsely Accuses His Wife of Adultery

A MAN WHO FALSELY ACCUSES his wife of committing זְנוּת is called a מוֹצִיא שֵׁם רַע (one who spreads a bad name) and is punished. The order of events leading to his punishment is as follows:[1]

THE HUSBAND'S CLAIM

(1) The husband claims, after נִשּׂוּאִין, that his wife committed זְנוּת (between the קִדּוּשִׁין and נִשּׂוּאִין) while she was a נַעֲרָה.[2]

(2) He supports his claim by bringing[3] two עֵדִים to בֵּית דִּין,[4] who testify that she committed זְנוּת.

(3) After the עֵדִים are checked by the בֵּית דִּין, she is sentenced to סְקִילָה (see 8.5).

---

1 רמב"ם הל' נערה בתולה פ"ג הל' ו'.

2 רמב"ם הל' נערה בתולה פ"ג הל' ב'. ועי"ש הל' ז' דכל זה כשבא לב"ד כשהיא עדיין נערה.

3 רמב"ם הל' נערה בתולה פ"ג הל' י"א.

4 עי' רמב"ם הל' נערה בתולה פ"ג הל' ג' דדינו של מוציא שם רע בפני בית דין של כ"ג.

THE FATHER DISPROVES THE CLAIM

(4) Before the בֵּית דִּין has carried out the punishment, her father brings עֵדִים who prove, through הֲזָמָה (see 3.9), that the husband's עֵדִים are false.

(5) The wife is not put to death and the husband's עֵדִים are חַיָּיב סְקִילָה.

THE HUSBAND'S PUNISHMENT

(6) The husband, who was מוֹצִיא שֵׁם רַע, is חַיָּיב מַלְקוּת and must pay a קְנָס of one hundred סְלָעִים to the girl's father.[5]
He may not divorce his wife against her will. If he nevertheless did divorce her, he must remarry her.[6]

5 רמב"ם הל' נערה בתולה פ"ג הל' א'. ע"ש דאם היתה יתומה הרי הן של עצמה.

6 רמב"ם הל' נערה בתולה פ"ג הל' ד'.

Glossary

א

אַב בֵּית דִּין	the head of a Jewish court
אֱדוֹם	the nation of Edom
אֱדוֹמִי	an Edomite
אַהֲבַת הַשֵּׁם	the love of Hashem
אוֹנֵס	one who commits adultery by force
אוֹנֶס	beyond a person's control
אַיִל	a ram
אַלְמָנָה	a widow
אָמָה עִבְרִיָּה	a Hebrew maidservant
אֲנוּסָה	a woman who was forcefully violated
אַנְשֵׁי עִיר הַנִּדַּחַת	the inhabitants of a town in which the majority of the population worshiped idolatry
אִסּוּר / אִסּוּרִים	prohibition(s)
אִסּוּר / אִסּוּרֵי גַּבְרָא	prohibition(s) applying to a person
אִסּוּר / אִסּוּרֵי חֶפְצָא	prohibition(s) applying to an object
אִסּוּר / אִסּוּרִים מִן הַתּוֹרָה	Torah prohibition(s)
אַרְבָּעָה מִינִים	the four species used during the festival of Sukkos
אֲרוּסָה	a betrothed woman
אֵרוּסִין	the first stage of the marriage process

Note: Translations are provided according to the context in which they are used in this ספר. Terms that are translated in the ספר may not appear in this glossary.

אֶרֶץ יִשְׂרָאֵל	the Land of Israel
אָשָׁם	a guilt offering
אֲשַׁם גְּזֵלוֹת	a guilt offering for theft
אֲשַׁם מְעִילוֹת	a guilt offering for unauthorized use of sanctified property
אֲשַׁם שִׁפְחָה חֲרוּפָה	a guilt offering for sinning with a betrothed maidservant
אָשָׁם תָּלוּי	a guilt offering brought in a case of doubt
אֵשֶׁת אָח	one's brother's wife
אֵשֶׁת אִישׁ	a married woman
אֶתְרוֹג	the citrus fruit used during the Sukkos festival

ב

בְּאוֹנֶס	beyond a person's control
בְּדִיקוֹת	supplementary questions
בּוֹגֶרֶת	a girl who has reached the age of twelve and a half
בִּיאָה	marital relations
בֵּית דִּין הַגָּדוֹל	the Jewish high court [in the Holy Temple]
בֵּית כְּנֶסֶת	a shul
בֵּית הַמִּקְדָּשׁ	the Holy Temple
בֵּית קְבָרוֹת	a cemetery
בְּכוֹר	a firstborn
בַּל תְּאַחֵר	do not delay
בְּמֵזִיד	intentionally

בֵּן סוֹרֵר וּמוֹרֶה	a rebellious son
בַּעַל דָּבָר	the person involved
בַּעֲלֵי דָּבָר	the people involved
בַּעֲלֵי דִינִים	the parties involved in a court case
בַּעֲלֵי עֲבֵירָה	transgressors
בְּפַרְהֶסְיָא	in public
בְּצִינְעָא	in private
בְּרִית מִילָה	circumcision
בִּרְכּוֹת נִשּׂוּאִין	the blessings recited at a wedding
בִּרְכַּת כֹּהֲנִים	the blessing of the Kohanim
בְּשׁוֹגֵג	unintentionally
בַּת יִשְׂרָאֵל	a daughter of a Yisrael
בַּת כֹּהֵן	a daughter of a Kohen
בְּתוּלָה	a girl who has never been married
בֵּית דִּין / בָּתֵּי דִינִין	Jewish court(s)

ג

גָּדוֹל / גְּדוֹלָה	an adult male / female
גַּדֵּל פֶּרַע	growth of hair
גַּדְלוּת	adulthood
גּוֹאֵל הַדָּם	someone who avenges the wrongful death of a relative
גּוֹי	a non-Jew
גְּזֵירוֹת	decrees
גֶּזֶל הַגֵּר	property stolen from a convert

גְּזֵלָה / גְּזֵלוֹת	robbery(ies)
גֵּט	a halachic divorce document
גִּיּוֹרֶת	a female convert
גִּיטִּין	divorce proceedings
גִּילּוּי עֲרָיוֹת	prohibited relations
גֵּירוּשִׁין	divorce
גִּלְגּוּל שְׁבוּעָה	an extension of an oath
גְּמַר דִּין	the issuance of the verdict
גְּנֵיבָה	theft
גֵּר / גֵּרִים	male convert(s)
גְּרוּשָׁה	a divorced woman

ד

דָּבָר הָאָסוּר	something which is intrinsically prohibited
דָּבָר הַנָּדוּר	something about which a vow has been made
דְּבָרִים שֶׁבֵּינוֹ לְבֵינָהּ	matters that are between him and her
דּוֹר רִאשׁוֹן	the first generation
דּוֹר שְׁלִישִׁי	the third generation
דּוֹר שֵׁנִי	the second generation
דַּיָּין / דַּיָּינִים	judge(s)
דַּיָּינִים מוּמְחִים וּסְמוּכִים	expert, ordained judges
דַּיָּינִים סְמוּכִים	ordained judges
דִּין / דִּינִים	law(s)

דִּינֵי מַלְקוּת	cases involving lashes
דִּינֵי מָמוֹנוֹת	monetary cases
דִּינֵי נְפָשׁוֹת	cases involving the death penalty
דִּינֵי עֵדוּת	laws regarding testimony
דִּינֵי עֵדִים	laws regarding witnesses
דִּינֵי קְנָסוֹת	laws regarding penalties
דְּרִישׁוֹת	detailed inquiries [in a Jewish court]

ה

הַגָּדַת עֵדוּת	delivery of the testimony
הוֹדָאַת בַּעַל דִּין כְּמֵאָה עֵדִים	the admission of the person involved is equivalent to one hundred witnesses
הֲזָמָה	the disqualification process for witnesses
הַיּוֹצֵא מִן הַגֶּפֶן	the product of the vine
הַכְחָשָׁה	contradiction
הַלְוָאוֹת	loans
הֲלָכָה / הֲלָכוֹת	Torah law(s)
הֲנָאָה	pleasure
הָעוֹסֵק בְּמִצְוָה פָּטוּר מִן הַמִּצְוָה	one who is involved in fulfilling one commandment is exempt from fulfilling another one
הֲפָרַת נְדָרִים	cancellation of vows
הַקָּדוֹשׁ בָּרוּךְ הוּא	the Holy One, Blessed be He
הֶקְדֵּשׁ / הֶקְדֵּשׁוֹת	sanctified item(s)
הֶרֶג	beheading

הֲרֵי אַתְּ מְקֻדֶּשֶׁת לִי (בָּזֶה)	behold, you are sanctified to me [with this]
הֲרֵי זֶה גִּטֵּיךְ	this is your divorce document
הֲרֵינִי נָזִיר	behold, I am a Nazir
הַשְׁקָאַת סוֹטָה	giving a suspected adulteress to drink
הִתִּיר עַצְמוֹ לְמִיתָה	he deliberately exposed himself to execution
הַתְרָאָה	a warning
הַתָּרָה	an annulment
הַתָּרַת נְדָרִים	annulment of vows

ו

וִידּוּי	a confession
וּמִיּוֹם הַשְּׁמִינִי וְהָלְאָה יֵרָצֶה	and from the eighth day on it is acceptable

ז

זוּז	a type of coin
זוֹנָה	a woman who had relations with someone who is forbidden to her
זְנוּת (בְּמֵזִיד)	(intentional) adultery
זָקֵן מַמְרֵא	a Sage who rebels
זָר	a non-Kohen

ח

חֲבָלוֹת	physical injuries
חוּלִין	an unsanctified animal

חוּמֶשׁ	one-fifth
חֲזַ"ל	our Sages, of blessed memory
חָזֶה וְשׁוֹק	the breast and thigh of animal sacrifices
חַטָּאת / חַטָּאוֹת	sin offering(s)
חִיּוּב	an obligation
חִיּוּב כָּרֵת	a liability to the Divine punishment of excision
חִיּוּב מִיתָה	a liability to a death penalty
חִיּוּב מָמוֹן	a financial obligation
חִיּוּבֵי מַלְקוּת	cases of liability to lashes
חִיּוּבֵי מָמוֹן	cases of monetary obligation
חַיָּב	liable
חַיָּב בְּדִינֵי שָׁמַיִם	liable to death through Divine intervention
חַיָּב חֶנֶק	liable to strangulation
חַיָּב מִיתָה	liable to a death penalty
חַיָּב מַלְקוּת	liable to lashes
חַיָּב סְקִילָה	liable to stoning
חַיָּב קְנָס	liable to a penalty (usually monitory)
חַיָּבֵי כָּרֵת	those who are liable to the Divine punishment of excision
חַיָּבֵי לָאוִין	those who have transgressed a prohibition
חַיָּבֵי מִיתָה	those who are liable to a death penalty
חַיָּבֵי מִיתָה בִּידֵי שָׁמַיִם	those who are liable to death through Divine intervention

חַיָּבֵי מִיתַת בֵּית דִּין	those who are liable to a death sentence imposed by a Jewish court
חַיָּבֵי מַלְקוּת	those who are liable to lashes
חַיָּבֵי עֲשֵׂה	those who have transgressed a positive commandment
חִילוּל יוֹם טוֹב	desecration of a festival
חִילוּל שַׁבָּת	desecration of Shabbos
חָכָם / חֲכָמִים	sage(s)
חֵלֶב	animal fat that is forbidden to be eaten
חֲלוּצָה	a widow who has been released from her obligation to marry her brother-in-law
חֲלִיצָה	the process of releasing a widow from her obligation to marry her brother-in-law
חָלָל / חֲלָלָה / חֲלָלִים	child / children born from a union between a Kohen and someone whom he is forbidden to marry
חֶנֶק	strangulation
חֲקִירוֹת	standard questions [in a Jewish court]
חֵרֵשׁ	a deaf-mute person
חָתָן	a groom

ט

טֶבֶל	produce of Eretz Yisrael from which tithes have not yet been separated
טָהוֹר	ritually pure
טָהֳרָה	ritual purity

GLOSSARY

טוּמְאָה	ritual impurity
טוּמְאַת מֵת	impurity due to contact with a corpse
טָמֵא	ritually impure
טְמֵא מֵת	one who is impure due to contact with a corpse
טְרֵיפָה	a person or animal afflicted with a fatal defect

י

יִבּוּם	marriage to the widow of one's childless brother
יָבָם	the brother of the deceased who is obligated to marry his widowed sister-in-law
יְבָמָה	the widow of a childless man who is obligated to marry her brother-in-law
יוֹרְשִׁים	heirs
יִחוּד	seclusion
יִעוּד	the marriage of a Hebrew maidservant
יְרוּשָׁה	inheritance
יְרוּשַּׁת נִכְסֵי אָחִיו	inheritance of one's brother's possessions
יִשְׂרָאֵל / יִשְׂרְאֵלִים	Jew(s)
יִשְׂרְאֵלִית	a Jewess

כ

כֶּבֶשׂ / כִּבְשָׂה	a lamb (male / female)

כֹּהֵן / כֹּהֲנִים	a person (people) from the priestly tribe
כֹּהֵן גָּדוֹל	a high priest
כֹּהֵן הֶדְיוֹט	an ordinary priest
כַּוָּנָה	intention
כֵּיוָן שֶׁהִגִּיד שׁוּב אֵינוֹ חוֹזֵר וּמַגִּיד	once he has testified, he cannot testify again
כִּיּוֹר	the water vessel in the Holy Temple
כִּיפָּה	a cell used to house a transgressor
כִּלְאַיִם	the prohibition against harnessing together animals of different species
כְּלַל יִשְׂרָאֵל	the Jewish nation
כְּנִיסָה לְחוּפָּה	entering the wedding canopy
כֶּסֶף	money
כַּפָּרָה	atonement
כְּרוּת שָׁפְכָה	a type of physical blemish
כָּרֵת	the Divine punishment of excision
כָּשֵׁר / כְּשֵׁרִים	permissible; valid
כָּשֵׁר לְעֵדוּת	qualified as a witness
כַּשְׁרוּת	permissibility; validity
כְּתוּבָּה / כְּתוּבַּת אִשָּׁה	a marriage contract
כְּתוּבַּת בְּנִין דִּכְרִין	a marriage contract including a stipulation for the male children

ל

לֹא קִיבֵּל עָלָיו הַתְרָאָה	a person did not respond to a warning

לֹא תֹאכְלוּ עַל הַדָּם	you shall not eat in the presence of blood
לֹא תוּכַל לְהִתְעַלֵּם	you shall not ignore
לֹא תְכַחֲשׁוּ	you shall not deny falsely
לֹא תַעֲשֶׂה	prohibitive commandment
לֹא תִשָּׂא אֶת שֵׁם ה׳ אֱלֹקֶיךָ לַשָּׁוְא	you shall not mention the Name of Hashem, your God, in vain
לֹא תְשַׁקְּרוּ	you shall not lie
לַאו / לַאוִין	prohibition(s)
לַאו הַבָּא מִכְּלַל עֲשֵׂה	a prohibition which is derived from a positive commandment
לַאו שֶׁאֵין בּוֹ מַעֲשֶׂה	a prohibition that does not involve an action
לַאו שֶׁבִּכְלָלוֹת	a general prohibition
לַאו שֶׁנִּיתַּן לְאַזְהָרַת מִיתַת בֵּית דִּין	a prohibition that was given to warn against incurring the death penalty
לַאו שֶׁנִּיתַּן לְתַשְׁלוּמִין	a prohibition which can be rectified through payment
לַאו שֶׁנִּיתַּק לַעֲשֵׂה	a prohibition which is rectified by performing a positive commandment
לַאוִין שֶׁאֵין בָּהֶם מַלְקוּת	prohibitions which are not punishable by lashes
לְהַפְרִישׁוֹ מֵאִסּוּר	to prevent someone from transgressing
לָשׁוֹן הָרַע	derogatory talk

מ

מַאֲמָר	betrothal prior to the marriage of the widow of a childless man to her brother-in-law

מְגִילָּה	a scroll
מְגִילַת סוֹטָה	the scroll written for a suspected adulteress
מִדְּרַבָּנָן	by Rabbinic law
מוּם	a blemish
מוֹצִיא שֵׁם רַע	defamation
מוּקְצֶה	an item which may not be moved on Shabbos
מוּתָּר לַקָּהָל	permitted to marry into the congregation
מַזִּים	disqualifies
מַחֲזִיר גְּרוּשָׁתוֹ	one who remarries his ex-wife
מְחִילָה	forgiveness
מַחֲלוֹקֶת	a dispute
מְחַלֵּל שַׁבָּת	desecrating Shabbos
מְחַלֵּל שֵׁם שָׁמַיִם	profaning the Name of Hashem
מִיאוּן	annulment of a marriage, lit. refusal
מַיִם מָרִים	the bitter water drunk by a suspected adulteress
מֵיפַךְ שְׁבוּעָה	an oath is reversed to the claimant
מִיתָה	a death penalty
מִיתָה בִּידֵי שָׁמַיִם	a death through Divine intervention
מִיתוֹת בֵּית דִּין	death sentences imposed by a Jewish court
מַכְנִיסִין אוֹתוֹ לַכִּיפָּה	they place the transgressor in a cell
מַכַּת מַרְדּוּת	lashes stipulated by the Sages, lit. flogging for rebelliousness

מְלָאכָה	an act that is forbidden on Shabbos
מִלְחֶמֶת רְשׁוּת	a discretionary war
מַלְקוּת (מִן הַתּוֹרָה)	lashes (stipulated by the Torah)
מָמוֹן	a monetary obligation
מָמוֹנוֹת	monetary cases
מַמְזֵר / מַמְזֶרֶת / מַמְזֵרִים	offspring of certain forbidden relationships
מִן הַתּוֹרָה	from the Torah
מִנְחָה	a flour offering
מִנְחַת סוֹטָה	a flour offering of a suspected adulteress
מֵסִית	one who persuades someone else to commit a sin
מַעֲשֶׂה	an action
מַעַשְׂרוֹת	tithes of produce
מִפִּיהֶם וְלֹא מִפִּי כְתָבָם	orally and not in writing
מְפַתֶּה	a seducer
מִצְוָה / מִצְוֹת	commandment(s)
מִצְוַת / מִצְוֹת לֹא תַעֲשֶׂה	negative commandment(s)
מִצְוַת / מִצְוֹת עֲשֵׂה	positive commandment(s)
מִצְוֹת דְרַבָּנָן	Rabbinic commandments
מִצְוֹת חִיּוּבִיּוֹת	obligatory commandments
מִצְוֹת לֹא תַעֲשֶׂה שֶׁהַזְּמַן גְּרָמָא	negative commandments to be fulfilled at a specific time
מִצְוֹת עֲשֵׂה שֶׁהַזְּמַן גְּרָמָא	positive commandments to be fulfilled at a specific time
מִצְוֹת קִיּוּמִיּוֹת	voluntary commandments

מִצְוֹת שֶׁאֵין הַזְּמַן גְּרָמָא	commandments that are not restricted to a specific time
מַקְדִּישׁ	sanctifies
מְקַדֵּשׁ	to perform the first stage of the marriage process
מְקַדֵּשׁ הַחֹדֶשׁ	to declare the beginning of a new month
מְקוּדָּשׁ	it is sanctified
מְקַלֵּל אֶת חֲבֵירוֹ בְּשֵׁם	one who curses another person with Hashem's Name
מַשָּׂא וּמַתָּן	deliberation
מִתְעַסֵּק	preoccupied

נ

נְבוּאָה	prophecy
נָבִיא	a prophet
נְבִיא הַשֶּׁקֶר	a false prophet
נְבֵלָה	an animal that died without being properly slaughtered
נְדָבָה	a donation
נְדוּנְיָא	a dowry
נֶדֶר / נְדָרִים	vow(s)
נִדְרֵי אִסּוּר	prohibitive vows
נוֹגְעִין בְּעֵדוּתָן	people who are subjective about their own testimony
נְזִיקִין	damages
נָזִיר טָמֵא	a Nazir who became impure

נְזִיר עוֹלָם	a person who maintains his Nazirite status his entire life
נְזִירוּת	the state of being a Nazir
נִכְסֵי מְלוֹג	unguaranteed assets
נִכְסֵי צֹאן בַּרְזֶל	fixed-value assets
נִמְצָא אֶחָד מֵהֶן קָרוֹב אוֹ פָסוּל	one of [two or more witnesses] was found to be a relative or was disqualified
נַעֲרָה	a girl who reaches adulthood
נַעֲרָה מְאוֹרָסָה	a betrothed girl who reaches adulthood
נִפְטָר	a deceased person
נֵרוֹת שַׁבָּת	Shabbos candles
נִשְׁבָּעִים שֶׁלֹּא בְטַעֲנָה	an oath made when the claimant has no definite claim
נְשׂוּאָה	a married woman
נִשּׂוּאִין	the second stage of the marriage process

ס

סֵדֶר עֲבוֹדָה	the order of the service in the Holy Temple
סוֹטָה	a suspected adulteress
סוֹפֵר	a scribe
סִימָנִים	signs [of physical maturity]
סְלָעִים	a type of coin
סָמוּךְ / סְמוּכִים	ordained to give legal rulings
סְמִיכָה	authorization to judge; leaning on an animal's head with one's hands (part of offering a sacrifice)

סַנְהֶדְרִין גְּדוֹלָה	the Great Sanhedrin (high court)
סַנְהֶדְרִין קְטַנָּה	the lesser Sanhedrin (lower court)
סְקִילָה	stoning

ע

עֶבֶד כְּנַעֲנִי	a Canaanite slave
עֶבֶד עִבְרִי	a Hebrew servant
עֲבָדִים	slaves or servants
עֲבוֹדָה	the service in the Holy Temple
עֲבוֹדָה זָרָה	idolatry
עֲבֵירָה / עֲבֵירוֹת	transgression(s)
עֲבֵירוֹת שֶׁבֵּין אָדָם לַחֲבֵירוֹ	transgressions between people
עֲגוּנָה	a woman prevented from remarrying
עֶגְלָה עֲרוּפָה	a calf whose neck has been broken to atone for the murder of an unknown victim
עֵד / עֵדִים	witness(es)
עֵד אֶחָד	a single witness
עֵד אֶחָד נֶאֱמָן בְּאִסּוּרִין	a single witness is believed with regard to prohibitions
עֵד זוֹמֵם / עֵדִים זוֹמְמִין	false witness(es), lit. a witness who plotted
עֵד מִפִּי עֵד	a witness providing testimony from another witness
עֵד פָּסוּל / עֵדִים פְּסוּלִים	disqualified witness(es)
עֵדוּת / עֵדֻיּוֹת	testimony(ies)

עֵדוּת הַחֹדֶשׁ	testimony about the new moon
עֵדֵי חֲתִימָה	witnesses who sign [a document]
עֵדֵי מְסִירָה	witnesses to the delivery [of a document]
עֵדִים כְּשֵׁרִים	qualified witnesses
עֵדִים קְרוֹבִים	witnesses who are related to each other
עֵדִים רְשָׁעִים	wicked witnesses
עוֹבְדֵי כּוֹכָבִים	gentiles, lit. idol worshippers
עוֹלָה	a burnt offering
עוֹנֶשׁ / עוֹנְשִׁים	punishment(s)
עֶזְרַת נָשִׁים	women's courtyard of the Holy Temple
עִיבּוּר הַחֹדֶשׁ	the addition of a day to the month
עִיבּוּר הַשָּׁנָה	the addition of a month to the year
עִינּוּי הַנֶּפֶשׁ	self-affliction
עַם הָאָרֶץ	an ignorant man
עֶרְוָה / עֲרָיוֹת	women with whom marital relations are punishable with the death penalty or excision
עֲרָיוֹת מִן הַתּוֹרָה	relationships forbidden by Torah law
עֲשֵׂה	a positive commandment

פ

פֵּאָה	the part of the harvest left for the poor at the corner of a field
פִּדְיוֹן הַבֵּן	the redemption of a firstborn son
פִּדְיוֹן שְׁבוּיִּם	the redemption of prisoners

פָּטוּר	exempt
פָּטוּר בְּדִינֵי אָדָם	exempt from punishment by the court
פִּטָם	the stem at the tip of an esrog
פֵּירוֹת	produce or fruit
פְּנוּיָה	an unmarried woman
פְּסוּל	a disqualification
פָּסוּל / פְּסוּלִים	disqualified
פָּסוּל / פְּסוּלִים לְעֵדוּת (בַּעֲבֵירָה)	disqualified from serving as witness (due to a transgression)
פָּסוּל לַקָּהָל	prohibited to marry into the congregation
פָּסוּל / פְּסוּלִים מִדְּרַבָּנָן	disqualified according to Rabbinic law
פָּסוּל / פְּסוּלִים מִן הַתּוֹרָה	disqualified according to Torah law
פְּסוּל / פְּסוּלֵי קָהָל	one who is prohibited from marrying into the congregation
פְּסוּלֵי הַגּוּף	intrinsically disqualified
פְּסוּלֵי כְּהוּנָּה	women who may not marry a Kohen
פְּסַק דִּין	a verdict
פְּצוּעַ דַכָּא	a type of physical blemish
פִּקָּדוֹן	an object deposited for safekeeping
פִּקּוּחַ נֶפֶשׁ	a life-threatening situation
פְּרוּטָה	a coin of low value

צ

צָרַת עֶרְוָה	a co-wife who is forbidden to marry the brother of her deceased husband

ק

קִדּוּשׁ הַחֹדֶשׁ	the declaration of the new moon
קִדּוּשׁ יָדַיִם וְרַגְלַיִם	washing of hands and feet to serve in the Holy Temple
קִדּוּשִׁין	the first stage of the marriage process
קִדּוּשִׁין דְרַבָּנָן	marriage according to Rabbinic law
קָדָשִׁים	sanctified items
קָטָן / קְטַנָּה	a minor (male / female)
קְטַנִּים	minors
קִידּוּשׁ הַשֵּׁם	sanctification of Hashem's Name
קִנְיָנִים	acts of acquisition
קְנָס / קְנָסוֹת	penalty(ies) (usually monitory)
קָרְבָּן / קָרְבָּנוֹת	offering(s)
קָרְבָּן חַטָּאת	a sin offering
קָרְבָּן עוֹלָה	a burnt offering
קָרְבָּן עוֹלֶה וְיוֹרֵד	a variable offering (an animal, two birds, or flour, depending on one's financial situation)
קָרְבַּן מִנְחָה	a flour offering
קָרְבַּן פֶּסַח	the Pesach offering
קָרוֹב / קְרוֹבִים	relative(s)
קֶרֶן	principal amount
קַרְקָעוֹת	land

ר

רְגָלִים	the three primary festivals
רוֹדֵף	a pursuer
רְשׁוּת	domain, permission
רְשָׁעִים	wicked people

ש

שְׁבוּעָה / שְׁבוּעוֹת	oath(s)
שְׁבוּעָה בַּה׳	an oath made using the Name of Hashem
שְׁבוּעָה מִן הַתּוֹרָה	an oath from the Torah
שְׁבוּעַת בִּטּוּי	an oath of expression
שְׁבוּעַת הֶיסֵּת	an imposed oath
שְׁבוּעַת הַנּוֹטְלִין	an oath made by the claimant
שְׁבוּעַת הָעֵדוּת	an oath of testimony
שְׁבוּעַת הַפִּקָּדוֹן	an oath that involves a false denial of a financial obligation
שְׁבוּעַת הַשּׁוֹמְרִים	an oath made by guardians
שְׁבוּעַת מוֹדֶה בְּמִקְצָת	an oath of partial admission
שְׁבוּעַת עֵד אֶחָד	an oath imposed by a single witness
שְׁבוּעַת שָׁוְא	an oath taken in vain
שְׁבוּעַת שֶׁקֶר	a false oath
שֵׁבֶט	a tribe
שְׁבִיעִית	the Sabbatical year
שׁוֹגֵג	unintentional
שׁוֹטֶה	a mentally impaired person

GLOSSARY

שׁוּמָן	animal fat permitted to be eaten
שׁוֹמֶרֶת יָבָם	a widowed woman awaiting marriage to her brother-in-law
שְׁחִיטָה	slaughter
שְׁטָר / שְׁטָרוֹת	document(s)
שְׁטַר כְּתוּבָּה	a marriage document
שָׂכִיר	an employee
שֶׁכְּנֶגְדּוֹ חָשׁוּד עַל הַשְּׁבוּעָה	one whose opposing party is suspect in regard to oaths
שָׁלִיחַ	an agent
שְׁלִיחַ בֵּית דִּין	an agent of the court
שָׁלִיחַ לְהוֹלָכָה	an agent charged with bringing [a document]
שָׁלִיחַ לְקַבָּלָה	an agent charged with receiving [a document]
שְׁלָמִים	a peace offering
שָׁלֹשׁ רְגָלִים	the three primary festivals (Pesach, Shavuos, Sukkos)
שְׁמִיטָה	the Sabbatical year
שָׁמַיִם	Heaven
שְׁנֵי עֵדִים	two witnesses
שְׁנִיּוֹת לַעֲרָיוֹת	secondary prohibited marriages, i.e., women with whom marriage is Rabbinically prohibited
שַׁעַטְנֵז	a forbidden mixture of wool and linen
שִׁפְחָה חֲרוּפָה	a maidservant who is betrothed to a Hebrew slave
שְׂרֵיפָה	burning

ת

תִּגְלַחַת טָהֳרָה	head-shaving of a ritually pure Nazirite
תּוֹךְ כְּדֵי דִיבּוּר	within the amount of time required for a remark
תְּכֵלֶת	turquoise-colored wool
תַּלְמוּד תּוֹרָה	Torah study
תְּנוּפָה	waving
תַּקָּנוֹת	enactments by the Sages
תְּרוּמוֹת	separation of produce which is given to a Kohen
תְּשׁוּבָה	repentance
תַּשְׁלוּמֵי כֵּפֶל	double payment
תַּשְׁלוּמִין	payments

Index

אב
זכותו במעשי ידי בתו 9.4
חיובו בחינוך בניו 1.2
מכירת בתו לאמה עבריה 9.4

אדומי
דין הולד לבא בקהל 8.6
לבא בקהל 8.3

אונס
פטור מעונשין 2.2

אונס ומפתה 9.5

אחותו - אחות קרוביו
עונש הבא עליה 8.2

איסור גברא / חפצא
נדר / שבועה 6.1

איסורי דרבנן
גזירות 1.1
העונש 2.8

איסורים
נאמנותו של עד אחד 3.4

אכילת פירות
נדוניא 7.4

אלמנה
הגדרה 7.1
כתובה בנישואי אלמנה 7.3
לינשא לכהן גדול 8.4
נדונייתה 7.4

אמה העבריה
מכירתה ע"י אביה 9.4

אמו - אם קרוביו
עונש הבא עליה 8.2

אפוטרופוס
שבועתו שלא בטענה 5.4

ארוסה
הגדרה 7.2
הפרת נדריה 6.6
נערה מאורסה 8.5

ארוסין
הגדרה 7.2

אשה
במיתת בעלה 7.6
גירושיה 7.5
חיובה במצות 1.2
נאמנותה בעדות אשה 7.6
נאמנותה בעדיות 4.2
נישואיה 7.3
קידושיה 7.2

אשם גזלות 5.6

אשת אביו
עונש הבא עליה 8.2

אשת אחיו
יבום 7.7
עונש הבא עליה 8.2

בן גרושה ובן חלוצה		**אשת אחי אביו מן האב**	
בעדותם של עדים זוממין	3.9	עונש הבא עליה	8.2
בן סורר ומורה	2.3	**אשת איש**	
בעל דבר		הווייתה ע"י קדושין	7.2
להעיד על עצמו	4.5	היתר לינשא ע"י עדות אשה	7.6
בעל עבירה		עונש הבא עליה	8.5
עדותו	4.3	שזינתה	7.10
ברכות נישואין		**אשת בנו**	
בחופה	7.3	עונש הבא עליה	8.2
בת ישראל לכהן		**אשת כהן**	
אכילתה בתרומה ובחזה ושוק	7.3	אכילתה בתרומה ובחזה ושוק	7.3
בת כהן		**בדיקות העדים**	3.6
שזינתה	8.5	**בדק הבית**	
בת כהן לישראל		נדרי בדק הבית	6.2
אכילתה בתרומה ובחזה ושוק	7.3	**בוגרת**	
בתו - בת קרוביו		הגדרה	9.1
עונש הבא עליה	8.2	הפרת נדריה	6.6
בתולה		מעשה ידיה ומציאתה	9.4
כתובתה	7.3	**ביאה**	
לינשא לכהן גדול	8.4	יבום	7.7
גבעוני		קדושי ביאה	7.2
לבא בקהל	8.3	**בין אדם לחבירו**	
גדול / גדולה		לענין תשובה	2.11
הגדרה	9.1	**בית דין** — ראה גם עדות	
חליצה	7.8	בהשקאת סוטה	7.10
קדושין	7.2	בחליצה	7.8
גואל הדם		בעדות אשה	7.6
הריגת הרוצח בבית דין	2.3	דיינים	3.2
גוי — ראה עכו"ם		דרישת וחקירת העדים	3.6
		סוגי בתי דינין	3.1
		בל תאחר	
		בנדרים	6.2

INDEX

קרובים	4.4	**גזירות**	
		דרבנן	1.1
דייקא ומינסבא		**גזל הגר**	5.6
בעדות אשה	7.6		
		גט – ראה גירושין	
דיני חבלות			
הדיינים	3.2	**גיורת**	
		לינשא לכהן	8.4
דיני מלקות		לינשא לפסולי קהל	8.3
העדים	3.3		
מנין הדיינים	3.1	**גילוי עריות**	
		יהרג ואל יעבור	1.4
דיני ממונות			
הדיינים	3.2	**גירושין**	7.5
העדים	3.3	ראה גם גרושה	
מנין הדיינים	3.1	עדי קיום	3.3
		קבלת הגט ע"י אביה	9.2
דיני נפשות			
העדים	3.3	**גלגול שבועה**	5.9
מנין הדיינים	3.1		
		גמר דין	3.7
דיני קנסות		בעדים זוממין	3.9
הדיינים	3.2		
העדים	3.3	**גר**	
מנין הדיינים	3.1	לישא פסולי קהל	8.3
דרבנן		**גרושה**	
מכת מרדות	2.8	ראה גם גירושין	
מצות תקנות וגזירות דרבנן	1.1	כתובתה	7.3
עדים פסולים מדרבנן	4.3	לינשא לכהן	8.4
שבועות דרבנן	5.4	מחזיר גרושתו	7.5
		נדונייתה	7.4
דרישה וחקירה			
בעדות אשה	7.6	**דבר האסור / הנדור**	
העדים	3.6	ההבדל ביניהם	6.1
הגדת עדות	3.7	**דברים שבינו לבינה**	
		בהפרת נדרים	6.6
הודאת בעל דין	4.5		
		דיבור	
הזמה – ראה עדים זוממין		בלאו שאין בו מעשה	2.5
הכחשה		**דיינים**	3.2
בשני כיתי עדים	3.8	מנין הדיינים בבית דין	3.1

חז"ל
מצוות תקנות וגזירות דרבנן 1.1

חזה ושוק
באשת כהן / בבת ישראל הנשואה לכהן 7.3

חטאת
.... 2.2 / 2.10

חיוב להעיד
.... 3.5

חייבי הרג
.... 2.3

חייבי חנק
.... 2.3

חייבי כרת
דין הולד ממזר 8.6
תפיסת קדושין בהן 8.6

חייבי לאוין
לבא בקהל 8.3
תפיסת קדושין בהן 8.6

חייבי מיתת בית דין
דין הולד ממזר 8.6
תפיסת קדושין בהן 8.6

חייבי סייף
.... 2.3

חייבי סקילה
.... 2.3

חייבי עשה
לבא בקהל 8.3
תפיסת קדושין בהן 8.6

חייבי שריפה
.... 2.3

חילול השם
.... 1.4

חימוד ממון
פסולי עדות 4.3

חינוך
קטנים 1.2

בשני עדים 3.6

העוסק במצוה פטור מן המצוה 1.3

הפרת נדרים 6.6

הקדש — ראה נדרי הקדש

הרג 2.3

השקאת סוטה 7.10

התפסה
בנדרי איסור 6.1

התראה 3.10
בבן סורר ומורה 2.3
לא קיבל עליו ההתראה .... 2.7 / 2.8

התרת נדרים 6.5

וידוי
בהבאת קרבן 2.11
בחייבי מיתת בית דין ומלקות .... 2.3 / 2.4
מחלקי התשובה 2.11

זוממין — ראה עדים זוממין

זונה
לינשא לכהן 8.4

זנות
באונס ומפתה 9.5
באשת איש .... 8.5 / 7.10
במוציא שם רע 9.6

חבלות — ראה דיני חבלות

חובל בחבירו
לענין מלקות 2.9

חומש
בקיום מצות עשה 1.3
בשבועת הפקדון 5.6

חופה 7.3

INDEX

יחוד		חכמים — ראה דרבנן	
בנישואין	7.3	**חליצה**	7.8
יחיד מומחה		ראה גם יבום	
בהתרת נדרים	6.5	חלוצה לינשא לכהן	8.4
יעבור ואל יהרג	1.4	**חלל / חללה**	8.6
ירושה		**חללה**	
ביבם	7.7	לינשא לכהן	8.4
כתובת בנין דכרין	7.4	**חמשים סלעים**	
ישראל		של אונס ומפתה	9.5
בפסולי קהל	8.3	**חנק**	2.3
כאשר זמם ולא כאשר עשה	3.9	באשת איש שזנתה	8.5
כהן		**חקירות** — ראה דרישה וחקירה	
בת ישראל הנשואה לכהן	7.3	**חרטה**	
בת כהן הנשואה לישראל	7.3	בהתרת נדרים	6.5
בת כהן שזינתה	8.5	מחלקי התשובה	2.11
מצוות כהונה	1.1	**חרש**	
פסולי כהונה	8.4	חיובו במצוות	1.2
כהן גדול		פסולי עדות	4.2
איסור לישא אלמנה	8.4	**חשוד על השבועה**	5.4
בפסולי כהונה	8.4	**טומאת מת**	
לישא נערה בתולה	8.4	בנזיר	6.3
כוונה		**טריפה**	
במצוות	1.1	פסולי עדות	4.2
כיון שהגיד שוב אינו חוזר ומגיד	3.7	**יבום**	7.7
כינוים		ראה גם חליצה	
בנדרים	6.1	כשיש כמה אחים / כמה נשים	7.9
כלת בנו		**ידות**	
עונש הבא עליה	8.2	בנדרים	6.1
כניסה לחופה	7.3	**יהרג ואל יעבור**	1.4
כסות		**יותר מחומש**	
חיוב הבעל	7.3	בקיום מצוות עשה	1.3

מאה סלעים		**כסף**	
של מוציא שם רע	9.6	קדושי כסף	7.2
מאמר		**כפרה**	
ביבום	7.7	מחלקי התשובה	2.11
מגילת סוטה	7.10	**כרות שפכה**	
		לבא בקהל	8.3
מדרבנן — ראה דרבנן		**כרת**	2.6
מואבי		ראה גם חייבי כרת	
דין הולד לבא בקהל	8.6	בעריות	8.2
לבא בקהל	8.3	**כתובה**	7.3
מודה במקצת		של מזנה תחת בעלה	7.10
שבועת מודה במקצת	5.2	**כתובת בנין דכרין**	7.4
מופלא הסמוך לאיש		**לא תכחשו**	
בנדרים	6.4	בכפירת ממון	5.6
מוציא שם רע	9.6	**לא תשקרו**	
מחזיר גרושתו	7.5	בשבועת הפקדון	5.6
מיאון	9.3	**לאו הבא מכלל עשה**	2.5
מיוחסין		**לאו שאין בו מלקות**	2.5
דיינים מיוחסין	3.2	עונשו	2.8
מים המרים		**לאו שאין בו מעשה**	2.5
בסוטה	7.10	**לא תעשה** — ראה מצוות, מצות לא תעשה	
מיפך שבועה	5.4	**לאו שבכללות**	2.5
מיתה בידי שמים	2.6	**לאו שניתן לאזהרת מיתת בית דין**	2.5
מיתת בית דין	2.3	**לאו שניתן לתשלומין**	2.5
באשת איש שזינתה	7.10	**לאו שניתק לעשה**	2.5
התראה	3.10	**לקה ושנה**	
לאו שניתן לאזהרת מיתת בית דין	2.5	מכניסין אותו לכיפה	2.7
מכות — ראה מלקות		**לשמה**	
מכניסין אותו לכיפה	2.7	בכתיבת הגט	7.5
מכת מרדות	2.8		

INDEX

שעונשן כרת	2.6	**מלקות**	2.4
שעונשן מכת מרדות	2.8	ראה גם דיני מלקות	
תשובה כשעבר עליהן	2.11	בבן סורר ומורה	2.3
		בנדרים	6.1
מצות דרבנן	1.1	בנזירות	6.3
		בעדים זוממין	3.9
מצות התלויות בארץ	1.1	בעריות	8.2
		בשבועת בטוי	5.7
מצות לא תעשה	1.1	בשבועת שוא	5.8
יהרג ואל יעבור / יעבור ואל יהרג	1.4	דרבנן	2.8
		התראה	3.10
מצות עשה	1.1	לאוין שאין בהם מלקות	2.5
לאו שניתק לעשה / לאו הבא			
מכלל עשה	2.5	**ממונות** — ראה דיני ממונות	

מצות עשה שהזמן גרמא	1.2 / 1.1	**ממזר / ממזרת**	
		דין הולד לבא בקהל	8.6
מצות צריכות כונה	1.1	לבא בקהל	8.3

מציאה		**מנחת סוטה**	7.10
של קטנה ונערה ובוגרת / של נשואה	9.4		
		מסית	
מצרי		אינו צריך התראה	3.10
דין הולד לבא בקהל	8.6		
לבא בקהל	8.3	**מעשה ידים**	
		של קטנה ונערה ובוגרת / של נשואה	9.4
משלשין בממון			
בעדים זוממין	3.9	**מפיהם ולא מפי כתבם**	3.7

מתיר עצמו למיתה		**מפתה**	9.5
בהתראתו	3.10		
		מצוה	
מתעסק		נדרי מצוה	6.2
פטור מעונשין	2.2		
		מצוה חיובית / קיומית	1.1
נדבה	6.2		
		מצות	
נדוניא	7.4	בפיקוח נפש	1.3
		בשעת השמד	1.4
נדר		החייבים במצות	1.2
בדק הבית / הקדש / מזבח / מצוה	6.2	הפטורים ממצות	1.3
הפרת נדרים	6.6	סוגי המצות	1.1
התרת נדרים	6.5	עשה דוחה לא תעשה	1.3
נדרי קטן	6.4		

נדר / שבועה		**נתין**	
החילוק ביניהם	6.1	לבא בקהל	8.3
נדרי איסור	6.1	**סוטה**	7.10
נוגע בעדות	4.5	**סומא**	
נזיר	6.3	פסולי עדות	4.2
נישואין	7.3	**סייף** — ראה הרג	
נכסי מלוג / צאן ברזל	7.4	**סימנים**	
נכרי — ראה עכו"ם		בבן סורר ומורה	2.3
נמצא אחד מהן קרוב או פסול	4.1	סימני גדלות	9.1
נערה / נערות		**סמיכה**	
הגדרה	9.1	במינוי דיינים	3.2
נערה		בקרבן	2.11
הפרת נדרים	6.6	**סנהדרין** — ראה בית דין	
לינשא לכהן גדול	8.4	**סנהדרין גדולה / קטנה**	3.1
מוציא שם רע	9.6	**סקילה**	
מעשה ידיה / מציאתה	9.4	בבא על הערוה	8.2
קבלת קדושיה ע"י אביה	7.2	בנערה מאורסה	8.5
נערה מאורסה	8.5	**עבד כנעני**	
נפשות — ראה דיני נפשות		אין נשבעין על העבדים	5.9
נקיטת חפץ		חיובו במצות	1.2
בשבועה	5.9	פסולי עדות	4.2
נשבעים שלא בטענה	5.4	**עבודה זרה**	
נשואה		יהרג ואל יעבור	1.4
הגדרה	9.1	**עבירות**	
הפרת נדרים	6.6	ראה גם בעל עבירה	
מעשה ידיה / מציאתה	9.4	עונשם	2.1
נשואין	7.3	תשובה	2.11
נדוניא	7.4	**עגונה**	
נשים — ראה אשה		התרתה ע"י עדות אשה	7.6
		עד אחד	
		באיסורין	3.4

238

3.10	לענין התראה	7.10	בסוטה
4.3	פסולים לעדות	7.6	בעדות אשה
		5.3	המחייב שבועה
	עדים פסולים		
4.2			**עד מפי עד**
	עדים קרובים	3.7	
4.4		7.6	בעדות אשה
	עדים רשעים		**עד שתצא נפשו**
4.3		2.8	במכת מרדות
	עולה ויורד — ראה קרבן עולה ויורד		**עדות**
	עונה		ראה גם עדים / עד אחד / בית דין
7.3	חיוב הבעל	4.5	הודאת בעל דין / בעל דבר
	עונשין	3.5	החיוב להעיד
2.1	סוגי העונשין		כיון שהגיד / הגדת עדות /
2.9	קם ליה בדרבה מיניה	3.7	עד מפי עד / מפי כתבם
2.2	שוגג / אונס / מתעסק / פיקוח נפש	4.1	נמצא אחד מהעדים קרוב או פסול
		3.3	סוגי עדיות
1.3	**עוסק במצוה פטור מן המצוה**	4.1	פסולי עדות
	עזיבת החטא	5.5	שבועת העדות
2.11	מחלקי התשובה	7.6	**עדות אשה**
	עינוי נפש		**עדות מוכחשת**
6.6	בהפרת נדרים	3.8	בשני כיתי עדים
	עכו"ם	3.6	בעדים המכחישים זה את זה
4.2	לענין עדות		**עדי חתימה / מסירה**
8.7	לענין קדושין	7.5	בגירושין
	עמוני	3.4	**עדים**
8.6	דין הולד לבא בקהל		ראה גם עדות
8.3	לבא בקהל	7.10	באשת איש שזינתה / בסוטה
	ערוה	7.5	בגירושין
7.7	בחיוב יבום	9.3	במיאון
8.5	של אשת איש	7.2	בקדושין
	עריות	3.6	דרישה וחקירה
8.2		3.3	עדי קיום
8.6	תפיסת קדושין בהן	2.3	קיום מיתת בית דין על ידיהם
	עשה — ראה מצות עשה	3.10	שמיעת ההתראה
	עשה דוחה לא תעשה	3.9	**עדים זוממין**
1.3		9.6	במוציא שם רע

פיקוח נפש
פטור מעונשין 2.2

פירות
של הנדוניא 7.4

פלגינן דיבורא 4.5

פנויה
הגדרה 7.1
אשת איש שנתגרשה 7.5
קדושין בפנויה 7.2

פסול
נמצא אחד מהעדים פסול 4.1

פסולי כהונה
תפיסת קדושין בהן / דין הולד 8.6

פסולי עדות
בעדות אשה 7.6
בעלי דבר 4.5
סוגי הפסולי עדות 4.1
פסולי הגוף 4.2
עדים קרובים 4.4
עדים רשעים 4.3

פסולי קהל
תפיסת קדושין בהן / דין הולד 8.6

פסק דין 3.7

פצוע דכא
לבא בקהל 8.3

פקדון
שבועת הפקדון 5.6

פיקוח נפש
במצוות לא תעשה 1.3

פתח
בהתרת נדרים 6.5

צדקה
בנדרי מצוה 6.2

צרת ערוה
לענין פטור מיבום 7.9

קדושין
בעכו"ם / בעבד ובשפחה כנענית 7.2
דרבנן 8.7
עדי קיום 9.3
קבלתם ע"י אביה 3.3
קדושי מאמר 9.2
תפיסתן בעריות ובחייבי לאוין ועשה 7.7
.... 8.6

קהל — ראה פסולי קהל

קטן / קטנה
הגדרה 9.1

קטן
חיובו במצוות 1.2
לענין עדות 4.2

קטנה
הפרת נדריה 6.6
מעשה ידיה ומציאתה 9.4
קבלת גיטה 9.2
קדושין דרבנן ומיאון 9.3
קדושין ע"י אביה .... 7.2 / 9.2

קטנים
בנזירות 6.3
חינוך במצוות 1.2
נדריהם 6.4

קידוש החדש
העדים 3.3

קידוש השם 1.4

קינוי וסתירה
בסוטה 7.10

קם ליה בדרבה מיניה 2.9

INDEX

	קנס		
	ראה גם דיני קנסות		
9.5	באונס ומפתה		
9.6	במוציא שם רע		
4.5	הודאת בעל דין		
	קרבן		
2.11	וידוי וסמיכה		
6.2	נדרי הקדש		
	קרבן אשם גזלות	5.6	
	קרבן חטאת	2.2 / 2.10	
	קרבן עולה ויורד		
5.7	בשבועת בטוי		
5.5	בשבועת העדות		
	קרבנות נזיר	6.3	
	קרוב		
4.1	נמצא אחד מהעדים קרוב		
4.4	עדים/ דיינים		
	קרן וחומש — ראה חומש		
	קרקע		
5.9	אין נשבעין על הקרקעות		
	רבנן — ראה דרבנן		
	רודף		
2.9	קם ליה בדרבה מיניה		
	רוצח		
2.7	הכנסתו לכיפה		
2.3	הריגתו בב"ד ע"י גואל הדם		
	רשות האב		
9.1	בקטנה / בנערה		
	רשות הבעל		
9.1	בנשואה		

רשע	
פסולי עדות	4.3
שאר	
חיוב הבעל	7.3
שבועה	
ראה גם נדרי איסור	
גלגול שבועה	5.9
הנשבעים שלא בטענה	5.4
הפרתה	6.6
התרתה	6.5
הגדרה ונוסח השבועה	5.1
נקיטת חפץ	5.9
על הקדש / שטר / קרקע / עבד	5.9
שבועת קטן	6.4
שכנגדו חשוד על השבועה	5.4
של שכיר	5.4
שבועה / נדר	
החילוק ביניהם	6.1
שבועת בטוי	5.7
שבועת היסת	5.4
שבועת הנוטלין	5.4
שבועת העדות	5.5
שבועת הפקדון	5.6
שבועת השומרים	5.9
שבועת מודה במקצת	5.2
שבועת סוטה	7.10
שבועת עד אחד	5.3
שבועת שוא	5.8
שבועת שקר	5.7
נפסל לעדות	4.3

שניות לעריות	8.2	**שוגג**	
תפיסת קדושין בהן	8.6	במצוות לא תעשה	2.2
שעת השמד		**שוטה**	
יהרג ואל יעבור	1.4	חיובו במצוות	1.2
		פסולי עדות	4.2
שפיכות דמים			
יהרג ואל יעבור	1.4	**שומרת יבם**	7.7
שריפה	2.3	**שטר**	
בבת כהן שזינתה	8.5	כתובה	7.3
בעריות	8.2	קדושי שטר	7.2
		שבועה עליו	5.9
תוך כדי דיבור			
בהתראה	3.10	**שכיר**	
		שבועת שכיר	5.4
תוספת כתובה	7.3		
		שכנגדו חשוד על השבועה	5.4
תקנות דרבנן	1.1		
		שליח	
תרומה		בכתיבת ובמסירת הגט	7.5
באשת כהן / בבת כהן שנישאת לישראל	7.3	בקדושין	7.2
		שלשה הדיוטות	
תרי"ג מצוות	1.1	בהתרת נדרים	6.5
תשובה	2.11	**שמד**	
של חייבי מיתת בית דין	2.3	יהרג ואל יעבור	1.4
של חייבי מלקות	2.4		
של פסולי עדות	4.3		